TU ALMA
TIENE
UN PLAN

LISA BARNETT

TU ALMA
TIENE
UN PLAN

*Descubre tu propósito vital a través
de tus Registros Akásicos*

EDICIONES OBELISCO

Colección Espiritualidad y vida interior
Tu alma tiene un plan
Lisa Barnett

1.ª edición: febrero de 2024

Título original: *Your Soul Has a Plan*

Traducción: *Daniel Aldea*
Maquetación: *Isabel Also*
Corrección: *M.ª Jesús Rodríguez*
Diseño de cubierta: *Enrique Iborra*

© 2023, Lisa Barnett
Título publicado por acuerdo con Waterside Productions
a través de International Editors & Yáñez, Co' S.L.
(Reservados todos los derechos)
© 2024, Ediciones Obelisco, S. L.
(Reservados los derechos para la presente edición)

Edita: Ediciones Obelisco, S. L.
Collita, 23-25. Pol. Ind. Molí de la Bastida
08191 Rubí - Barcelona - España
Tel. 93 309 85 25
E-mail: info@edicionesobelisco.com

ISBN: 978-84-1172-112-7
DL B 1519-2024

Impreso en los talleres gráficos de Romanyà/Valls S. A.
Verdaguer, 1 - 08786 Capellades - Barcelona

Printed in Spain

DEDICATORIA

Dedico este libro a todas las almas
que despiertan hoy en el planeta
y a las que están en camino.
Sois muchos los que habéis buscado la guía
de los Registros Akásicos y os
agradezco vuestro deseo de despertar
y sanar el mundo.
Habéis sido mi inspiración espiritual,
abriendo puertas con vuestras preguntas
y ampliando nuestra visión de la vida
mientras recibíamos la sabiduría que nos guiaba
y el amor incondicional, además de
estas oraciones curativas de los Maestros Akásicos.
Gracias por colaborar en la sanación de todos nosotros.

PRÓLOGO

En noviembre de 2012 llevaba casi un año presentando *Your Life Without Limits*, un programa de entrevistas que se convertiría en el precursor de un seminario web que alcanzó la cima de su éxito a mediados de esa década. El por entonces innovador formato utilizaba FreeConferenceCall.com para poder llevar a algunos de los líderes de opinión más reputados del planeta a todos los hogares a través de los teléfonos inalámbricos, u ordenadores, siempre y cuando se dispusiera de la suficiente destreza para acceder al programa sin perder la conexión.

Entre los invitados que participaron en el programa figuran personalidades tales como Bernie Siegel, Norman Cousins, Jack Canfield o Dain Heer, de *Access Consciousness,* sin olvidar a las estrellas de *El Secreto* como Marci Shimoff, Michael Beckwith o Marie Diamond.

No recuerdo cómo llegué a entrevistar a esta mujer tan exótica y hermosa llamada Lisa Barnett, una persona provocadora incluso para un programa como *Your Life Without Limits*. Se dedicaba a algo llamado «Lectura de tus Registros Akásicos». Conocerla fue un punto de inflexión en mi vida.

Según pude entender, nuestros Registros Akásicos están bajo custodia de unos seres de luz a los que todo el mundo puede acceder y cuyo propósito es apoyarnos en el viaje por nuestra actual vida y ayudarnos a descubrir el plan de nuestra alma.

Cuando conocí a Lisa, llevaba ya más de veinte años accediendo a la antigua sabiduría de sanación akásica mediante el uso de oraciones sagradas que le habían transmitido los Señores de los Registros Akásicos. ¡Incluso era capaz de enseñar a otras personas a acceder a sus propios Registros Akásicos y descubrir el plan de su alma!

Mi primera entrevista con ella fue reveladora. Me quedé fascinada. Es decir, ¿a quién no le gustaría que unos seres de luz le guiaran en el viaje de su alma?

De entre los más de 200 programas que presenté, el de Lisa fue uno de los más populares. Y, diez años más tarde, Lisa y los seres de luz siguen guiándome con enorme generosidad. Siempre aparecen en el momento oportuno con la información necesaria para llevar mi vida al siguiente nivel.

Os pondré un ejemplo…

Después de nuestra primera entrevista, en el año 2012, tuve una lectura akásica personal con Lisa. Por aquel entonces llevaba una vida feliz y confortable en Chicago, a tiro de piedra de mis dos hijos adultos. Aunque no tenía la menor intención de mudarme, los Maestros de los Registros tenían otros planes para mí.

—Vas a mudarte al Área de la Bahía de San Francisco –me dijeron a través de Lisa.

—De ninguna manera –respondí–. Nunca he tenido el más mínimo deseo de vivir en esa zona del país. Quizá en el sur de California, pero nunca en el norte.

—Yo sólo te transmito lo que me dicen los Maestros de los Registros.

Me dije para mis adentros que aquello era una tontería.

En los meses siguientes, mi hijo se mudó inesperadamente a Nueva York, mi hija fue aceptada en la facultad de quiropráctica del Área de la Bahía y yo monté una empresa con un buen amigo, también en el Área de la Bahía. El camión de la mudanza ya estaba en camino.

Ése fue sólo uno de los muchos encuentros impagables que han consolidado mi admiración por Lisa, por sus libros y sus enseñanzas. Estoy segura de que el libro que tienes entre las manos, *Tu alma tiene un plan*, es su mejor trabajo hasta la fecha.

Gracias a él, aprenderás a desenvolverte en el flujo de la vida desde una perspectiva más elevada y dar forma a tu futuro conectando con el plan de tu alma. A través de antiguos patrones kármicos, descubrirás el modo de volverte más receptiva a la abundancia que te mereces. El libro también te permitirá deshacerte del dolor emocional que ya no necesitas y que llevas cargando desde hace mucho tiempo, no sólo en esta vida, sino también en anteriores encarnaciones.

Éste no es un libro de autoayuda más. Su sabiduría proviene de los Maestros Akásicos a través de la desarrollada capacidad de Lisa para recibir sus mensajes en nuestro nombre. El contenido que encontrarás es eminentemente práctico y, gracias a él, descubrirás que no tienes que repetir los mismos retos y lecciones traumáticas una y otra vez.

Estoy segura de que *Tu alma tiene un plan* te abrirá la puerta a un nuevo mundo de experiencias. Las palabras de Lisa te permitirán vivir una vida más feliz, tener una salud más radiante, un amor más profundo y una mejor comprensión del motivo por el cual has encarnado justo en este momento tan interesante y estimulante de la historia de la humanidad.

Debra Poneman
Fundadora y presidenta de Yes to Success, Inc.

INTRODUCCIÓN

En su afán por conocer la respuesta a las preguntas más básicas e importantes acerca de la vida en la Tierra –¿Quién soy? ¿Qué hago aquí? ¿Es esto todo lo que hay?–, los seres humanos han interrogado, implorado, persuadido y negociado con lo Divino.

Estas preguntas son como zanahorias que perseguimos para encontrar respuestas sobre nuestra identidad y propósito en la Tierra.

Eres un viajero ancestral

Eres mucho más que un ser humano. Eres un alma cuántica que está experimentando la vida humana desde múltiples niveles: emocional, mental, física y espiritualmente. Como viajero ancestral, recorres el espacio y el tiempo y has vivido en la Tierra innumerables veces. Has tenido miles de relaciones. Ahora estás aquí para vivir en plenitud, con un propósito y amor.

Debes saber que eres mucho más que tu cuerpo físico. Eres un alma extraordinaria y expansiva; tu alma escogió este momento crucial de la historia humana porque tanto tu amor como tu sabiduría son necesarios para ayudar a la humanidad a gestar una nueva era: la Era de Acuario.

Según numerosos astrólogos, en la Era de Acuario la humanidad retomará el control de la Tierra y del destino de la humanidad. Dicho período está representado por la constelación conocida con el nombre de Acuario, la undécima constelación del zodíaco.

Si eres lo bastante mayor para recordar el musical *Hair*, que se estrenó en los teatros el año 1967, es probable que formes parte de la primera oleada de Trabajadores de la Luz. Estas almas nacieron entre 1940 y 1970, y llegaron con el objetivo de poner fin a la guerra y crear una época de paz sobre la Tierra.

Incluso si formas parte de una oleada posterior, lo más probable es que, como alma, sintieras el impulso de venir a la Tierra a formar parte de esta época de transformación. A la humanidad le está costando más de lo esperado pasar de la guerra a la paz, del odio al amor, del miedo a la confianza. Es bueno saber que esta nueva época se prolongará unos 2 160 años, durante los cuales viviremos una edad dorada. Durante este tiempo, llegará a la Tierra la suficiente luz energética como para ayudar a la humanidad a elevar su conciencia y para traer la paz.

Si tienes este libro en las manos es porque deseas participar en la transformación de la humanidad y aportar tu granito de arena en la sanación de nuestro hermoso planeta.

Bienvenido, compañero de viaje.

Te presento a tus Maestros de los Registros Akásicos

Los seres de luz a tu servicio estarán a tu lado durante el viaje de tu alma a través de tu vida actual, además de ayudarte a conocer y profundizar en el plan de tu alma. Yo los llamo Maestros de los Registros Akásicos o Maestros Akásicos. Sienten por ti un amor incondicional y desean auxiliarte y guiarte proporcionándote información específica, sabiduría ancestral, energía curativa y orientación para que tu viaje vital sea mucho más enriquecedor.

Gracias a su ayuda, puedes deshacerte de los traumas personales, del dolor emocional y de los miedos para poder experimentar la plenitud de la vida cotidiana. He visto a muchísimas personas de todo el mundo pasar de estar emocionalmente hundidas y económicamente arruinadas a experimentar el amor, la abundancia económica y la capacidad de reconocer y compartir los dones y talentos de su alma. Descubrir y comprender el plan de tu alma hará que las posibilidades sean infinitas.

Un mensaje de parte de los Maestros de los Registros Akásicos

La primera vez que los Maestros de los Registros Akásicos me pidieron que les ayudara a devolver la sabiduría del alma a la humanidad, me explicaron lo siguiente durante una sesión de canalización:

Estimados,
Aunque siempre hemos estado con vosotros, una parte importante de la humanidad desconoce nuestra existencia. Somos

los Seres de Luz del Akasha. Somos energía primordial pura y nunca hemos sido humanos. Desde tiempo inmemorial hemos estado al servicio de todas las almas. Somos los Maestros de los registros del alma en las grandes bibliotecas del campo akásico. No nos dedicamos a emitir juicios de valor acerca de la experiencia humana; estamos aquí únicamente para guiaros. Vosotros tenéis la potestad de acceder a la sabiduría y a los dones que habéis adquirido durante vuestros cientos y miles de vidas en la Tierra y otros planos dimensionales.

Hace unos mil años, denegamos el acceso al Akasha a la mayoría de los humanos. Aquella época recibió el nombre de «los años oscuros» porque en la Tierra había muy poca luz energética. Como consecuencia de ello, el mundo estaba gobernado por la energía oscura, por lo que resultaba muy peligroso hablar o transmitir la sabiduría y el poder del conocimiento arcano. Los pocos capaces de acceder a las enseñanzas del campo akásico, utilizaron la información en beneficio propio. Nosotros, los Maestros de los Registros Akásicos, cortamos el flujo energético y cerramos el acceso desde la Tierra para que la humanidad no pudiera acceder más a nuestra tutela.

A medida que nos adentramos en esta Nueva Era, la cual a veces recibe el nombre de la Era de Acuario, sabemos que ha llegado el momento de restituir a la humanidad la capacidad de acceder a la sabiduría del alma. Muchos de los que estáis leyendo esto tenéis un compromiso espiritual que os impulsa a ayudar a otras personas a despertar su conciencia superior y participar en la sanación de Gaia, la madre Tierra.

Ahora tenéis a vuestro alcance esta antigua sabiduría que se encuentra almacenada energéticamente tanto en la Fuente como en el campo cuántico. Gracias a ella, podréis acceder a los Registros Akásicos para descubrir el plan de vuestra alma y, de ese modo, favorecer su crecimiento. Estamos encantados de ha-

blar con vosotros y compartir una información que os ayudará en vuestro camino hacia el despertar.

Cómo usar este libro

Bienvenido y gracias por permitirnos acompañarte en este viaje de exploración. En él descubrirás cuál es el plan de tu alma, o al menos intentaremos ayudarte a que encuentres el camino que te permitirá descubrir la verdadera naturaleza de tu alma. Los Maestros de los Registros Akásicos y yo te proporcionaremos la información que necesitas para que comprendas mejor tu alma, el plan que ha diseñado para ti, el karma, el propósito de tu alma y tus lecciones vitales. Sabemos que estás aquí para ayudar a la humanidad a encontrar la luz y alcanzar el siguiente nivel de conciencia, además de prepararte para aceptar la energía superior de la Era de Acuario.

Cada capítulo está compuesto de tres partes bien diferenciadas. En la primera parte recibirás nuestras enseñanzas. A continuación, encontrarás preguntas para la reflexión y la inspiración. Y, por último, compartiremos contigo una serie de oraciones de sanación para que te resulte mucho más fácil alinearte con el plan y el propósito de tu alma.

Aprenderás los conceptos básicos para la elaboración de un plan del alma a través de ejemplos e historias. Además, te propondremos algunas preguntas para fomentar el autodescubrimiento y que te ayudarán a ser más consciente y liberarte de las emociones reprimidas, los patrones kármicos y los traumas emocionales. Por último, al final de cada capítulo encontrarás oraciones akásicas de sanación para que puedas deshacerte del dolor emocional o las creencias inconscientes que ya no te aportan nada.

Empecemos con algunos conceptos que desarrollaremos más adelante

- Ante todo, eres mucho más de lo que crees ser.

- Tu alma elaboró el plan antes de encarnar.

- Tienes a tu disposición la valiosa sabiduría integral de tu alma.

- Dispones del apoyo y la ayuda de tu familia del alma para cumplir con tu plan.

- La lectura de este libro puede resultarte beneficiosa incluso si aún no sabes nada acerca del plan de tu alma ni entiendes cómo puede ayudarte en tu vida. Gracias a este libro aprenderás que las dificultades, los traumas o los problemas emocionales del pasado a menudo nos impiden tener un propósito en la vida. En cuanto te sumerges en el flujo de la energía del alma, se produce la magia.

- Hemos añadido unas cuantas páginas en blanco al final del libro para que escribas en ellas tus reflexiones acerca de los ejercicios de reflexión que encontrarás en cada uno de los capítulos, anotes tus oraciones preferidas y hagas observaciones sobre el crecimiento de tu alma. Escribir un diario es una forma muy útil de ser consciente de tus pensamientos y sentimientos a medida que te transformas.

- Queremos ayudarte a que percibas tu propia vida desde una perspectiva más elevada, desde la abundancia del alma. Asimilar la inmensidad de las experiencias del alma mejorará tu comprensión y te ayudará a tomar decisiones que se integren mejor con el plan de tu alma. También queremos ayudarte a deshacerte del dolor emocional no deseado para que puedas liberarte de los traumas infantiles y de tus vidas pasadas.

• Estamos listos para emprender este viaje contigo. Como Maestros de los Registros Akásicos, acudiremos allí adonde tú estés.

¡Disfruta del viaje!

CAPÍTULO 1

NACISTE CON UN MANUAL

Antes de empezar, me gustaría compartir contigo un mensaje de los Seres de Luz del Akasha:

Bienvenido. Te invitamos a entrar en el campo energético akásico con nosotros. A medida que te guiemos a través de este libro, notarás cómo tu vida se transforma y evoluciona. A medida que pongas en práctica los ejercicios y las oraciones, sentirás cómo se liberan tus viejas limitaciones, lo que hará que tu vida te resulte mucho más cómoda. A medida que practiques con esta disciplina, verás cómo se te abren puertas donde antes sólo había muros.

Te acompañaremos a través de la alta vibración de la Energía Akásica, la cual llegará a ti mientras lees. Estaremos a tu lado en todo momento y te ayudaremos a que te deshagas de los viejos bloqueos energéticos que hay en tu vida, lo que te permitirá dejar atrás el miedo y adentrarte en un espacio de amor y fe. Somos tus Maestros de los Registros Akásicos, Seres Luminosos puros. Nuestro único propósito es guiarte a través de este viaje. Recuerda que nunca estarás solo. Estás conectado a noso-

tros y tú eres el Creador/Fuente en todo momento. Por favor, acepta desde el fondo de tu corazón cuando te decimos que estamos aquí para ayudarte. Recuerda que somos energía pura de la Fuente. Nunca hemos sido humanos y no juzgamos la condición ni las situaciones humanas. Al conectar con nosotros, también estás conectando con el poder infinito del amor. Estás a salvo y eres amado.

Responde a la siguiente pregunta: «¿Alguna vez te has preguntado qué haces aquí y cuál es tu propósito en la vida?».

Pues me alegra comunicarte que antes de llegar a la Tierra creaste un plan, y que ese plan contiene gran parte de la información que andas buscando. Por desgracia, la mayoría de la gente no recuerda nada de él y por eso se pasa gran parte de la vida intentando averiguar qué hace aquí.

Mi alma tenía un plan

Recuerdo cuando no tenía cuerpo y vagaba por las galaxias como un alma etérica, conversando con normalidad con dos almas más en otra dimensión. Mi forma etérica era libre y ágil, y se movía con el más mínimo pensamiento. Pero todo eso terminó de golpe cuando, a los tres años, me di cuenta de que estaba atrapada en la Tierra. ¡Otra vez aprisionada en un cuerpo!

Recuerdo que me miré las manos y me asusté. La realidad me sacudió y llenó de miedo mi pequeño cuerpo. Sin el vocabulario adecuado para contarle a mi madre por qué estaba tan asustada, lo único que pude decir fue: «Quiero irme a casa». Estaba confusa y no podía parar de llorar. Mi madre me dijo que no me preocupara, que ya *estaba* en casa. Pero me daba igual; seguí repitiendo que quería volver a casa.

Me considero una persona afortunada porque ese recuerdo de cuando tenía tres años ha ejercido una gran influencia en mi vida. Me ha guiado en la búsqueda de respuestas para poder entender a un nivel más profundo y significativo por qué estaba dentro de un cuerpo, cuál era mi plan y por qué estaba aquí.

Durante la adolescencia, sentía una pasión insaciable por los temas esotéricos y espirituales, así que devoré todos los libros que pude encontrar sobre el tema. En la universidad, estudié filosofía. No obstante, cuanto más sabía, más preguntas tenía.

Entonces, mi búsqueda dio un giro brusco y sentí la desesperada necesidad de encontrarle un sentido a mi vida.

A los trece años, una de mis dos hermanas del alma, que además era mi mejor amiga, entró en coma. Tuve la sensación de que su recuperación dependía enteramente de mí; de algún modo supe que mi propósito era curarla. Aunque no sabía rezar, pues mi familia no era religiosa, recé durante toda la noche para salvar a mi amiga, para despertarla del coma.

Como mis oraciones no funcionaron, me sentí responsable. Mi amiga murió al día siguiente.

Mi otra hermana del alma, Shuby, murió repentinamente como consecuencia de un accidente de tráfico mientras estudiaba en la universidad. Su muerte me atormentó, pues también me sentía responsable de ella al no haber estado a su lado para salvarla, a pesar de que yo vivía en California y ella en Illinois. ¿Por qué estaba tan convencida de tener la responsabilidad de curar a mis amigas? No le encontraba ningún sentido.

Para muchos terapeutas, esto es una reacción normal a la pérdida de alguien cercano. Sin embargo, yo he descubierto que existe otra respuesta: todos somos almas ancestrales conectadas unas a otras. La sensación de responsabilidad por la vida de mis amigas me ayudó a dar con el camino de mi alma: mi vocación de sanadora.

Durante la adolescencia, descubrí que había sido sanadora en cientos de vidas pasadas. Dado que, por lo que respecta a mi alma, ésa es la persona que era y sigo siendo, mi conciencia interna estaba segura de poder curar a mis amigas y de salvar a Shuby si hubiera estado en Illinois en lugar de en California.

¿Alguna vez te ha ocurrido algo similar? Normalmente, tienes la sensación de poder hacer algo que nunca has hecho o de tener un don o una habilidad especial, aunque nunca hayas aprendido ni te hayan enseñado a dominarla.

Según los Maestros de los Registros Akásicos, eso nos ocurre porque, en nuestras vidas pasadas, hemos utilizado innumerables veces ese don o habilidad especial. Somos almas ancestrales con un plan, el cual a veces es sencillo y a veces complejo, y hemos venido a la Tierra con la intención de desbloquear nuestros talentos, dones y experiencias olvidadas desde hace tiempo para poder sanarnos a nosotros mismos y a los demás. Venimos equipados con las herramientas necesarias para llevar a cabo el trabajo que debemos realizar.

Nuestro mayor reto es reconocer nuestros propios talentos.

El plan de tu alma

A menudo, cuando nos sentimos solos o aislados, creemos que no tenemos un propósito en la vida. ¡Y, a pesar de eso, tenemos la sensación de que tiene que haber algo más que lo que estamos experimentando! Quiero que sepas que sí tienes un propósito. Elaboraste un plan donde se detallan todas las experiencias, lecciones kármicas, propósitos vitales, vicisitudes, relaciones personales, carreras profesionales, etc.

Hiciste planes para diferentes tipos de relaciones con más de veinticinco personas de todo el mundo. Por ejemplo, redactaste contratos con personas que se convertirán en tus parejas sentimentales, socios, amigos, padres, hijos o hermanos.

Algunas de estas relaciones proceden de tu familia del alma original y otras no. Por ejemplo, nuestros padres no siempre forman parte de nuestra familia del alma; en algunas vidas, ni siquiera tenemos un contrato social con ellos. En el capítulo 3 entraremos más en detalle acerca de tu familia del alma original.

Tu alma dispone de una gran cantidad de conocimiento e información a la que puedes recurrir para navegar por tu vida actual. A medida que descubras más cosas sobre el plan de tu alma y profundices en la búsqueda de respuestas a la pregunta sobre tu propósito vital, la lógica que hay detrás de las decisiones de tu alma se hará más evidente.

Ojalá mi hijo hubiera venido con un manual

Cuando mis tres hijos eran pequeños, formaba parte de dos grupos de padres, además de ejercer como presidenta del Club de Madres de Hijos Múltiples. Cuando nacieron mis gemelos, tenía muchas dudas sobre el mejor modo de criarlos. Nunca olvidaré las veces que oí a una madre primeriza decir: «Ojalá mi hijo hubiera venido con un manual».

Todos los padres primerizos se sienten perdidos y no saben por qué sus hijos lloran tanto, tienen cólicos, se despiertan varias veces durante la noche o han nacido con algún problema físico. A menudo nos culpamos a nosotros mismos por no tener la respuesta a estas preguntas.

Por otro lado, he comprobado lo tranquilizador que resulta darse cuenta de que la vida no es aleatoria. Tomamos decisiones que nos ayudan a aprender y crecer. En todas nuestras vidas experimentamos dificultades, amor y, con un poco de suerte, también alegría.

Atrévete a seguir los sueños de tu alma

¿Sueñas a lo grande, pero te conformas con poco? Algunas personas tienen grandes sueños y metas que cumplir, pero tiran la toalla porque creen que no se merecen alcanzar la grandeza. Tal vez pienses que tus sueños son extravagantes o una locura. No obstante, en cuanto descubres que eres un alma muy antigua, tus sueños quedarán anclados a la realidad de todo lo que has sido en tus vidas pasadas. Te darás cuenta de que todos tus sueños son la extensión de una realidad que dejaste a medias.

En mi caso, no había nada más emocionante que cumplir el sueño de publicar un libro. El que tienes en las manos es el tercero. Cada vez que publico un nuevo libro, me asombra que mi sueño de compartir la sabiduría ancestral a través de la escritura se haya hecho realidad. Desde la perspectiva del alma, escribir y publicar libros formaba parte del plan de mi alma para expandir mi propósito en la vida y compartir mi trabajo con el mundo.

Lo mismo ocurre contigo. Si sueñas con escribir, puede que sea porque en otras vidas has escrito muchos libros. Incluso podemos conectar con información de una vida pasada en la que fuimos un autor publicado para que nos ayude a crear y publicar un nuevo libro. Una de mis clientas, por ejemplo, estaba escribiendo un libro y descubrió en sus Registros Akásicos que los personajes de su libro eran ella misma en diferentes vidas pasadas, donde había muerto repentinamente.

Escribir forma parte del plan de mi alma y, además, es uno de mis sueños. Y en tu caso, ¿cuáles son tus grandes sueños, aquellos que te parecen imposibles de alcanzar? El plan de tu alma está esperando a que descubras la información que dispone sobre tus dones, unos conocimientos que proceden de tus vidas pasadas y que puedes reclamar para volver a convertirte en un experto con los talentos necesarios para hacer realidad tus sueños.

EJERCICIO DE REFLEXIÓN

Una de las formas más rápidas y directas de alinearte con tu alma es a través de tu gran, hermoso y magnífico corazón. Si haces un pequeño esfuerzo para aprender a abrir tu corazón y recibir sabiduría, mensajes y sanación, cambiarás tu vida y la forma de experimentar el mundo. Ésta puede ser la clave para todo lo que andas buscando.

Meditación de la columna de luz

Los Maestros Akásicos ofrecen una sencilla meditación visual para ayudarte a conectar con ellos a través de tu corazón. Los Maestros desean que sientas la conexión desde el fondo de tu corazón. La siguiente meditación fue creada con ese objetivo:

- *Cierra los ojos mientras apoyas los pies en el suelo. Centra toda tu atención en la conexión con la sólida madre Tierra bajo tus pies. Desplaza lentamente la atención desde tus pies hasta tu corazón mientras respiras profundamente desde lo más profundo de éste.*

- *Visualiza a tu corazón abriéndose y expandiéndose sin parar. Relájate en la expansión y permite que tu corazón se llene de amor incondicional. Permanece ahí hasta que notes que tu corazón se ha llenado completamente. Respira en la continua expansión de tu corazón.*

- *Ahora desplaza tu atención y energía hacia la cabeza, concretamente a la zona que queda entre ambas cejas y el centro de la cabeza, hasta que veas una pequeña glándula: la glándula pineal. Dedícale algo de tiempo.*

- *Agradécele todo el trabajo que realiza para ayudar a tu cuerpo. Envía amor desde tu corazón a la glándula pineal, el centro energético que te conecta a tu yo superior, tu alma y, en última instancia, a nosotros, los Maestros de los Registros Akásicos y los Maestros de la Fuente. Esta conexión es lo que permite que podamos comunicarnos contigo.*

- *Visualiza y siente el flujo de energía que asciende desde la Tierra a través de tus pies. Deja que suba hasta tu corazón y que lo conecte con la glándula pineal. Presta especial atención a la energía que sube desde la glándula pineal hasta la parte superior de tu cabeza y que hace posible que conectes con nosotros.*

- *Imagina que una columna de luz azul plateada sale de nosotros para conectar contigo. La columna rodea todo tu cuerpo y continúa hacia la Tierra. Estás rodeado y protegido por la columna de Luz Akásica que te han enviado los Maestros de los Registros y los seres luminosos. En el interior de la columna de luz, el amor divino te sostiene.*

- *Tómate tu tiempo para sentir la conexión con el amor incondicional o para disfrutar de la espectacular visión de estar rodeado y protegido por la columna azul plateada. Llena tus pulmones del amor incondicional. Sé consciente de que hay alguien que te guía, que siempre te ha guiado.*

- *Una vez hayas establecido la conexión, puedes transformar tu vida con las oraciones sanadoras de los Registros Akásicos. Relájate en el seno de la energía sanadora mientras recitas las oraciones. Siente cómo su energía primordial te rodea y te llena de amor imperecedero.*
- *Cuando te sientas completo, puedes seguir adelante con tus actividades cotidianas. Puedes estar seguro de que la sanación seguirá trabajando en segundo plano.*

ORACIÓN PARA HACER REALIDAD TUS SUEÑOS

Tengo claridad. Estoy centrado. Estoy dispuesto a hacer lo que haga falta para que mis sueños se hagan realidad. Sé que mi claridad unida a la ayuda de los Registros Akásicos puede crear milagros en mi vida.

Los demás me ven, me escuchan y me reconocen por los dones y talentos que poseo.

El universo conspira conmigo para hacer posible la magia y para que mis sueños se hagan realidad.

Que así sea. Bendito sea.

Madre, Padre, Diosa, Dios, soy energía creativa y consciente.

Al respirar en mi corazón, mi energía creativa se activa.

La veo dar vueltas con filamentos de luz dorada.

A medida que la bola de luz dorada gira cada vez más rápido en el interior de mi pecho, activo la conexión con mis anillos de energía creativa que dan vueltas lentamente sobre mi cabeza.

Por favor, ayúdame a fusionar la fuerza de la energía creativa de mi corazón con la energía creativa del universo.

A medida que las energías se fusionan, siento que empiezan a girar como si fueran una, fluyendo desde mi cabeza hasta mi corazón y volviendo a subir. Deseo recibir ideas creativas para que me ayuden en mi vida. Me siento bendecido y lleno de gratitud.

Entremos en materia y aprendamos más cosas acerca del plan de tu alma, el cual te ayudará a hacer realidad tu propósito vital.

CAPÍTULO 2

¿POR QUÉ ESTOY AQUÍ? = PLAN DEL ALMA

Cada vez que decidimos reencarnar en la Tierra, nuestra alma crea un plan que iremos descubriendo a lo largo de nuestra vida. Elaboramos planes porque somos almas infinitas con el deseo de hacer grandes cosas durante el tiempo que estamos aquí. Los planes determinan los dones, talentos, desafíos y las otras almas que nos encontraremos en la próxima vida. Además, también disponemos de diversos contratos del alma y patrones kármicos de los que podemos aprender. Los miembros de nuestra familia del alma nos ayudarán a descubrir dichos patrones.

¿Sólo hay una vida?

Muchas personas y religiones creen que sólo vivimos una vida. Siempre me he preguntado por qué las vidas de algunas personas son fáciles, con un hogar confortable, mucho dinero y una familia encantadora, mientras que otras viven en la pobreza extrema en países subdesarrollados y deben luchar todos los días por llevarse algo a la boca o sufrir la represión de radicales dogmas culturales.

¡No puedo creer que sólo tengamos una vida! Si fuera así, el hecho de ser ricos o pobres, estar sanos o enfermos, ser sabios o sufrir una deficiencia intelectual sería cuestión de suerte. La vida parece demasiado complicada como para decidirse por una tirada en la ruleta de la fortuna.

Entremos un poco más en detalle

¿Nos culparíamos a nosotros mismos o a Dios por nuestra mala suerte si sólo viviéramos una vida? ¿Qué importancia tendría aprender y crecer si nunca más tuviéramos que regresar a la Tierra? No habría historias kármicas que nos unieran en otra vida ni deberíamos cumplir con los contratos del alma en nuestras relaciones. Tendríamos experiencias aleatorias y ahí se terminaría todo. Un desperdicio para un hermoso planeta con tantas cosas que ofrecer.

¿Y qué hay del karma que creamos durante esa única vida? La gente suele creer que el karma es una especie de castigo. Si fuera así, ¿no deberíamos vivir muchas vidas para acumular el karma suficiente como para crear una vida llena de dificultades? Además, si sólo tenemos una vida, ¿es Dios quien elige al azar el tipo de vida que nos toca vivir? De nuevo, volvemos a estar en un escenario donde algunas personas son castigadas y otras recompensadas, pero ¿con qué fin?

Nada de todo esto tiene sentido para mí. La vida está llena de vicisitudes y acontecimientos fortuitos. La gente nace con talentos que no se corresponden con su edad. Los genios de la música o las matemáticas, por ejemplo. Para mí, tiene mucho más sentido que llevemos a nuestra siguiente encarnación las habilidades de nuestras vidas anteriores para así poder compartirlas con más gente.

Estás aquí para aprender

No creo que nuestras circunstancias vitales sean aleatorias ni que sólo vivamos una vez. Según mi experiencia y la orientación que he recibido, la mayoría de las personas han vivido cientos de vidas aquí, en nuestro hermoso planeta Tierra.

Cuando empiezas a comprender que has vivido cientos y cientos de vidas, la idea de haber tenido muchos trabajos en los que has aprendido numerosas habilidades para alcanzar el éxito en la vida cobra un mayor sentido. El éxito se alcanza después de múltiples intentos por destacar; se trata de un proceso en el que nos esforzamos por dominar nuestros pensamientos, emociones y actos.

Las películas históricas nos recuerdan todos los desafíos que la humanidad ha tenido que superar a lo largo de la historia. Son muchos los seres humanos que se esfuerzan por sentirse amados y por amar, por ser amables y sentirse abundantes, dignos y generosos. ¿Te imaginas a alguien eligiendo una vida llena de dificultades sólo para aprender las lecciones que imparten el dolor, el perdón y el amor?

Los principales beneficios del trabajo del alma

Al escribir el plan de tu alma, te centras tanto en los diversos dones y talentos naturales que has ido desarrollando como en aquellos que aún no dominas del todo. Es decir, tienes en cuenta todo aquello que te ayudará a alcanzar tu propósito vital.

Durante las sesiones de consulta de los Registros Akásicos, guío a mis clientes a través del trabajo cuántico de sus vidas pasadas para que, de ese modo, puedan reclamar sus dones y talentos. Como resultado de ello, la consulta se convierte en una poderosa herramienta que les ayuda a sentirse mucho más capacitados para iniciar un nuevo proyecto o tomar una nueva dirección en sus vidas. Puede que quieran montar un nuevo negocio, encontrar pareja, emprender una carrera profesional, aprender un talento único o lanzarse a hacer algo completamente diferente. Quieren hacer muchas cosas, pero tienen miedo de no disponer de las habilidades necesarias.

Este ejemplo es uno de los beneficios principales del trabajo del alma. Comprender el plan de tu alma puede ayudarte a construir la vida que deseas. A muchas personas les resulta más fácil relajarse cuando saben que hay otras almas que pueden ayudarles en su viaje. Hacemos contratos del alma con nuestros mejores amigos, hijos, socios, parejas sentimentales y con otras personas que nos proporcionarán su apoyo.

Darse cuenta de que *planeaste* lo que estás experimentando en tu vida en este momento, y asumir la responsabilidad de tus decisiones, te ayuda a dejar de culpar a los demás por tus circunstancias vitales. Debemos responsabilizarnos de la tarea de identificar nuevas formas de convertirnos en los creadores de nuestra propia vida tomando nuevas decisiones cuando las viejas ya no nos sirven.

Escribiste un plan para que te sirviera de guía

En *The Immutable Laws of the Akashic Field*, Laszlo comenta: «El Campo Akásico es un campo cósmico en el que toda la información y el conocimiento están interconectados y preservados. Nuestra realidad está anclada en este vasto océano de información que da origen a todo… desde las motas de polvo estelar en el cosmos exterior hasta la propia conciencia».

Escribiste el plan de tu alma en el campo energético cuántico para así poder crecer y descubrir el motivo por el cual decidiste nacer en este preciso momento de la historia. Podríamos mencionar las conexiones entre el karma y el crecimiento personal, pero el plan de tu alma dispone de mucha más información aún por descubrir.

Es importante que sepas que los planes del alma son maleables. Puedes cambiar las decisiones que tomaste hace eones. Además de un plan del alma, también dispones de libre albedrío, un componente muy importante para definir quién eres y en qué puedes convertirte. A pesar de haber elegido un camino, sigues teniendo la posibilidad de decidir qué quieres crear en tu vida.

Al ser un alma ancestral y sabia, consideraste tus diferentes vidas y decidiste qué te resultaría más beneficioso aprender y qué dones y talentos te gustaría compartir con los demás en tu actual vida.

Estamos viviendo un momento histórico crucial. Muchas almas han regresado a la Tierra para ayudar a la humanidad a crear un mundo nuevo y empoderado donde todas las personas puedan prosperar. Puede que ya sepas que es posible transformar de forma consciente la vida en la Tierra reconociendo las diversas vidas que has vivido y las experiencias que has acumulado a lo largo de milenios.

Tu alma atesora sabiduría e información ancestrales, así como recuerdos de otras vidas y dimensiones, que siempre tendrás a tu disposición al autoactualizarte.

Tu plan del alma contiene información muy valiosa

El plan del alma puede incluir muchos contratos, votos, lecciones kármicas, dones, talentos que quieres compartir con los demás y habilidades que estás dispuesto a utilizar para aglutinar un mayor potencial. A continuación, se detallan algunas de las experiencias que pueden incluirse en un plan del alma para cualquiera de nuestras vidas:

- Contratos con personas para fomentar la ayuda mutua
- Contratos con personas para crecer (contratos kármicos)
- Contratos con padres, hermanos, hijos y otros familiares
- Contratos para tener descendencia, los cuales pueden o no actualizarse
- Contratos con hijos, ya sean hijos biológicos, adoptados o hijastros
- Contratos de grupo para alcanzar juntos un objetivo superior
- Contratos de grupo con la familia o grupo espiritual
- Dones que deseamos compartir con la humanidad
- Talentos por redescubrir
- Patrones kármicos de los que aprender y liberarse
- Crecimiento kármico

¿Por qué regresamos a la Tierra?

Cada vez que volvemos a la Tierra, hacemos un nuevo plan del alma donde se incluyen las lecciones que deseamos aprender para asegurar el crecimiento de nuestra alma. Los contratos, el karma y el amor por la humanidad y por nosotros mismos nos permiten empezar a responder a la gran pregunta: «¿Por qué estoy aquí?».

También es verdad que amamos este hermoso planeta azul y verde por sus aspectos materiales. Deseamos experimentar el placer de una buena comida, relajarnos bajo los rayos del Sol, hacer el amor, tener hijos, oler las flores, tocarlo todo y vivir todas las fabulosas experiencias que podemos sentir con nuestro cuerpo.

Cuando elaboramos nuestro plan del alma, nos convertimos en almas grandes, expansivas y sabias. El tiempo y el espacio no son una limitación. Cada una de nuestras vidas puede incluir experiencias muy diferentes; podemos ser ricos en una y pobres en otra. Somos almas infinitas, por eso motivo los desafíos y obstáculos no nos asustan porque sabemos que la vida en la Tierra es corta. Se termina en un abrir y cerrar de ojos. Sabemos que cada desafío que superamos es esencial para el crecimiento de nuestra alma.

¿Por qué nos enfrentamos a desafíos y obstáculos?

A medida que tu alma evoluciona, puede desplazarse a otros mundos y dimensiones, donde comparte las experiencias acumuladas en la Tierra. Es algo parecido a progresar dentro del sistema educativo. Empiezas en preescolar y puedes terminar haciendo un doctorado. Tú eliges hasta dónde quieres llegar. Todo está determinado en función de tus planes para tu vida actual.

Cuando la gente canaliza guías espirituales, normalmente canaliza almas que han terminado su tiempo en la Escuela de la Tierra y que, a partir de entonces, su misión consiste en ayudar a los demás. Algunas de estas almas trabajan en grupos de seres galácticos, guías sabios y maestros ascendidos que se dedican a ayudarnos a obtener respuestas a las preguntas fundamentales de quiénes somos y cuál es nuestro papel aquí en tanto almas ancestrales.

Te acompañaré

Cada vez que tu alma regresa a la Tierra, elaboras un plan para desarrollarte tanto como sea posible, lo que a veces puede convertirse en un reto para nuestra naturaleza humana. Imagina un instituto lleno de almas que buscan pareja, hijos, hermanos, socios, experiencias culturales, guerra, amor o cualquier otra experiencia que puedas crear. Todas gritando al mismo tiempo: «¿Quién quiere ser mi pareja?» o «¿Quién quiere ser mi hijo?». Éstas son las almas que regresarán a la Tierra para cumplir sus contratos contigo.

Levantan la mano y empieza la conversación. Un alma se acerca a ti y te dice: «¿Recuerdas que estábamos casados y que después tuve un accidente de carruaje en el que morí? Prometiste que me amarías para siempre. Casémonos de nuevo para tener una larga vida juntos».

A lo que contestas, «Sí» antes de pasar a la siguiente persona.

Te dicen: «¿Recuerdas cuando eras mi marido alcohólico? Esa relación creó un poco de karma para ambos. Tú nunca aprendiste a hacerte presente ni a amar incondicionalmente y yo tenía problemas de ira. Intentémoslo de nuevo y pongamos fin esta vez a la lección kármica».

Aceptas y pasas a la siguiente persona.

«Tuvimos un matrimonio largo y hermoso, hace 700 años. ¿Podemos volver a intentarlo? Fue precioso».

Recuerdas y aceptas antes de pasar a la siguiente persona. Ahora tienes diez contratos del alma con personas que desean ser tu cónyuge o pareja sentimental. Puede parecer excesivo, especialmente si sólo pretendes casarte una vez. No obstante, si no dispones de muchos contratos, es posible que nunca conozcas al *amor* de tu vida. Lo mejor es minimizar los riesgos haciendo muchos contratos.

Finalización de los contratos

Es posible que pusieras fin bruscamente al contrato con una pareja en una vida pasada en la que eras alcohólico. En esta vida, sin embargo, ninguno de los dos bebe; compartes con ella tus sentimientos e incluso vas al terapeuta para resolver algunos traumas de la infancia. Te sientes querido y reconocido. Gracias a todo esto, pagas el karma, por lo que ya no es necesario que sigáis juntos. El propósito de vuestra conexión era el de aprender a comunicarte con tu pareja en lugar de esconderte detrás del alcohol. Esas lecciones del alma tenían como objetivo ayudarte a convertirte en una pareja más cariñosa y estar mejor preparado para lo que realmente deseas y para que tu alma crezca.

A medida que pasas tiempo en esta nueva vida, conoces y te casas con la persona con la que tuviste un largo y hermoso matrimonio hace cientos de años. Este contrato matrimonial no incluye hijos; sólo tenéis mascotas. Es posible que estés aquí para realizar un trabajo colectivo que equilibre las energías divinas femenina y masculina, lo que conlleva convertirse en la madre de muchas personas, como sobrinos o los hijos de los vecinos, pero no en madre biológica.

Una vez has conectado con dos de los diez contratos que tenías en el ámbito de las parejas sentimentales, esa parte de tu plan del alma ya está completo. Incluso has finalizado un contrato que poseía karma; así es como funciona el crecimiento del alma en tu vida. Y el proceso no se detiene: seguirás compartiendo con los demás los dones que tenías intención de compartir e irradiando tu amor mientras refuerzas y consumas los restantes contratos del alma que aún te unen a otras almas.

Diversas interpretaciones

Cuando expandas la conciencia y respondas a las preguntas que aparecen en este libro, recuerda que nunca hay una sola respuesta ni respuestas correctas o incorrectas. Todo lo contrario; todas las preguntas acerca del camino de tu alma tienen diversas interpretaciones.

Somos almas ancestrales, por tanto, nuestras diversas vidas pueden crear conexiones a distintos niveles para cada una de las cuestiones kármicas, contratos o votos en función de lo que queramos sanar en esta vida. Además, los patrones kármicos nos conectan con muchos otros acuerdos del alma que desarrollaremos durante nuestra vida actual. El objetivo es completar tantos como nos sea posible y disfrutar de una vida en la que podamos hacer realidad nuestros sueños.

EJERCICIO DE REFLEXIÓN

• Cierra los ojos y respira hondo varias veces para abrir tu corazón.

• Imagina una biblioteca con estanterías llenas de libros desde el suelo hasta el techo y hasta donde te alcanza la vista. Esos volúmenes representan tus distintas vidas.

• Visualiza a tus bibliotecarios personales ocupándose y cuidando de los libros. Empieza a sentir la presencia del amor divino incondicional. Siente la presencia energética vibracional que fluye del conocimiento de palabras, acciones y hechos de tus vidas pasadas.

• Atrévete a asentarte en la vibración que se produce al descubrir la verdad de tu alma. Acepta que te encuentras en un lugar extraordinario donde se te proporcionará orientación, sabiduría ancestral e información para ayudarte a experimentar la alegría y la plenitud todos los días.

• Abre tu corazón con gratitud y permite que la vibración energética del amor y el conocimiento inunde todo tu ser. Siente cómo todas las células de tu cuerpo cobran vida en cuanto reconoces que te encuentras en el lugar donde debes estar.

• Despídete por ahora y regresa lentamente a tu siguiente tarea.

¿Qué has experimentado?

ORACIÓN DEL RECUERDO

Al descubrir la verdad acerca de mi naturaleza divina, empiezo a verme a mí mismo como alguien que sabe.

Me reconozco a mí mismo como el alma ancestral y sabia que soy.

Estoy alineado con mi verdadero Ser y la manifestación de todas las cosas.

La Luz Divina sana y vivifica tanto mi cuerpo como mi alma.

Soy expansivo. Soy amor.

Que así sea. Bendito sea.

ORACIÓN DEL DESCUBRIMIENTO

Madre, Padre, Diosa, Dios, elijo descubrir la Verdad acerca de mi Divinidad.

Al hacerlo, me veo a mí mismo como alguien que conoce su conexión con la conciencia superior.

Me alineo con mi capacidad para dejarme guiar por mi alma.

Recibo con agradecimiento su autoridad.

Me reconozco a mí mismo como Hijo Divino del Creador y reclamo mis dones divinos.

Que así sea. Bendito Sea.

ORACIÓN DEL AMOR PROPIO

Madre, Padre, Diosa, Dios, decido alejarme de mi cabeza y adentrarme en lo más profundo de mi corazón para así conectar con mi amor propio.

Esta estancia sagrada contiene los recuerdos de mi naturaleza divina.

No hay nada más.

Me acomodo tranquilamente en el centro de mi corazón y siento la penetrante energía del Creador.

Yo soy el que Soy.

Bendito sea.

En el próximo capítulo veremos cómo afectan los contratos del alma a las relaciones personales.

CAPÍTULO 3

RELACIONES PERSONALES = CONTRATOS DEL ALMA

Cuando escribimos nuestro plan del alma, una buena parte de éste consiste en definir las relaciones que nos unirán a otras almas. Queremos ayudarlas, compartir con ellas nuestro amor y nuestra vida y aprender de ellas.

Puesto que deseamos ser productivos, y no sólo llevar una existencia aleatoria, en el plan incluimos contratos con personas interesadas en llevar a cabo tareas similares o que voluntariamente desean ayudarnos a aprender o completar un patrón kármico.

Muchas personas acuden a mí preocupadas por no conseguir otro contrato con una pareja estable si abandonan su relación actual. Otras creen que sólo tenemos un alma gemela o una «media naranja», y les preocupa no haberla encontrado aún.

Según los Maestros de los Registros Akásicos, la mayoría de las personas escribe de seis a doce contratos para tener una pareja estable, y los motivos son variados. En primer lugar, si sólo tuviéramos un alma gemela o si sólo escribiéramos un contrato del alma para conseguir un compañero sentimental, la mayoría de nosotros estaría soltero. En un planeta tan grande, existen muchas probabilidades de que nunca encontremos a nuestra media naranja. Podría vivir en la otra punta del mundo o en nuestra misma ciudad y jamás cruzarnos con ella. A veces conocemos a una persona con la que tenemos un contrato, pero ya está felizmente casada. Por eso debemos tener varios contratos del alma.

He realizado miles de lecturas para personas que acuden a mí con preguntas acerca de sus relaciones personales. Algunas tienen la sensación de haberse ido distanciando después de veinte o treinta años de matrimonio. Normalmente, lo que este tipo de cliente desea saber es si ha completado el contrato y si un posible divorcio generará karma. A veces, los Maestros nos informan de que el contrato aún no ha sido completado y nos ofrecen sugerencias para que la persona lo complete o trabaje para sanarlo. Pero lo más habitual es que digan que el propósito del contrato lleva muchos años cumpliéndose y que el cliente debe seguir avanzando de forma consciente por su camino del alma.

Muchos de mis clientes son trabajadores de la luz, sanadores y guías espirituales que están en la Tierra para colaborar en el despertar de la humanidad. Es importante que nos deshagamos de las viejas energías que nos limitan; a veces, el divorcio o la separación pueden ser la mejor opción.

Los Maestros de los Registros Akásicos suelen decir: «*La persona aún tiene uno, dos o tres contratos del alma para sus relaciones sentimentales*». No es una cuestión de edad; incluso las personas de sesenta o setenta años suelen tener contratos a su disposición.

Recuerda que puede que hayas redactado doce contratos para encontrar una pareja sentimental y que sólo hayas utilizado uno o dos. Aunque es posible que algunas de las almas a las que estás unido por contrato estén casadas o ya no estén en esta vida, seguirás disponiendo de otros contratos.

Se nos da muy bien planificar, pues hemos tenido cientos de vidas para practicar, y queremos asegurarnos de disponer de las suficientes opciones para encontrar el amor y una pareja. En nuestra planificación, también incluimos contratos del alma para los padres, hermanos, abuelos, tíos. Normalmente, elegimos a los miembros de nuestra familia por sus almas, pero a veces también lo hacemos por la genealogía que obtenemos de los padres.

Antes de nacer, vemos de otra manera tanto la vida como la familia. No siempre se trata de completar relaciones o patrones kármicos. Aunque la mayoría de la gente tiene contratos del alma con su padre y su madre, son muchos los que sólo tienen un progenitor, hermano o familiar.

Aunque no es habitual, a veces hemos formado parte de un linaje familiar en una vida pasada. Es posible que queramos conectar con esos genes y con los dones y talentos de dicha estirpe. Podemos elegir regresar a esa familia por las habilidades y genes que nos ofrece.

Los contratos del alma no se limitan a la familia o la pareja sentimental. Podemos redactar un contrato con karma asociado porque deseamos que nuestra alma aprenda alguna lección. Los contratos kármicos suelen hacerse con familiares o una pareja sentimental. No obstante, casi todos los contratos que escribimos son *contratos de apoyo*. Estamos aquí para apoyar a otras almas, y éstas nos devuelven el favor ayudándonos en nuestro viaje. Puede ser nuestro mejor amigo, un socio o una suegra. Los contratos de apoyo suelen ser los mejores contratos matrimoniales. Es importante destacar que, pese a tener un contrato de apoyo con alguien, eso no significa que no se produzca un crecimiento espiritual ni que dichas relaciones estén exentas de desafíos. Recuerda que el objetivo principal es el crecimiento espiritual.

¿Qué es una familia del alma?

En el capítulo anterior pusimos un ejemplo de plan del alma para aprender cómo determinamos lo que queremos hacer en nuestra próxima vida. En éste ampliaremos los conocimientos acerca de los planes del alma.

Dedica unos instantes a imaginar cuando no existía ni el espacio ni el tiempo. Formas parte de la Fuente, no tienes historia ni identidad. Entonces tu alma decide individualizarse de la Fuente.

A los Maestros de los Registros Akásicos les encanta transmitir ideas mediante parábolas. Ésta es la historia que me contaron cuando les pregunté por primera vez qué ocurre cuando un aspecto de la Fuente decide individualizarse de ésta y convertirse en un alma única:

Imagina que la Fuente es un rascacielos de Nueva York hecho de energía pura. En un momento dado, la energía que se convertirá en ti decide individualizarse de la Fuente. Esta energía se reúne con un grupo de almas que también deciden individualizarse en el mismo momento. Todas quieren saber qué se siente al convertirse en un individuo, al tomar decisiones y comprender qué significa el yo sin la Fuente.

Lo primero que hacéis es subir al ascensor en la planta superior del rascacielos. Estáis avanzando hacia la individualización, y el pequeño grupo de nuevas almas está a punto de convertirse en tu familia. Mientras bajáis en el ascensor hacia la planta baja, compartís las esperanzas y los sueños de vuestros viajes en el proceso de convertiros en una familia del alma. Al llegar al vestíbulo, sois almas completamente individuales. Entonces se empieza a configurar un plan, y los siguientes pasos se formulan en tanto familia del alma. Todos sentís curiosidad por las numerosas experiencias y posibilidades de un multiverso repleto de infinidad de cosas.

¿Dónde empezamos a explorar? ¿Qué hacemos? ¿Cómo seguimos adelante? ¿Cuándo volveremos a encontrarnos? ¿Qué ocurrirá después?

Muchas preguntas, asombro y curiosidad. Dado que nadie tiene experiencia más allá de la Fuente, decidís dar un paseo por la avenida mientras captáis toda su actividad a través de los sentidos.

Mientras camináis, veis una estructura de grandes dimensiones, aproximadamente del tamaño de una manzana y de unos cinco pisos de altura. Curiosos, entráis para descubrir qué respuestas os ofrece. Nada más entrar, os fijáis en los numerosos balcones que rodean un amplio atrio en el centro del edificio. Veis miles de libros en cada una de las terrazas que se extienden en todas las plantas. Levantáis la mirada al unísono mientras giráis sobre vosotros mismos y tratáis de asimilarlo todo. Es impresionante. Picados por la curiosidad, decidís quedaros a estudiar el contenido de esos libros y, de ese modo, obtener las respuestas que todos andáis buscando a las numerosas preguntas que tenéis.

Todos habéis aprendido qué posibilidades os esperan en la próxima parte de los viajes, tanto aquellos que emprendáis juntos como por separado. Algunos siguen su propio camino inmediatamente, y otros os quedáis para ayudar en la biblioteca, donde continuáis estudiando y comprendiendo el mundo, pues estáis al servicio de muchas almas.

El enorme edificio con miles de libros representa nuestra biblioteca de Registros Akásicos y es un ejemplo de lo que tenéis *a vuestra disposición en su interior. La biblioteca de nuestra alma forma parte de la vibración de la Fuente y contiene todos los recuerdos y registros de todas las cosas a lo largo del tiempo. Nuestros libros están llenos de todos los pensamientos, palabras, actos y resonancias energéticas de nuestras experiencias.*

Cada alma decide cómo será su plan y después se marcha a redescubrir aquello que planearon mucho tiempo atrás.

Evidentemente, en esta parábola, los Maestros de los Registros Akásicos ofrecen una versión simplificada del comienzo de la vida para cada uno de nosotros en tanto alma individualizada de la Fuente.

¿Sólo me relaciono con mi familia del alma?

En el ejemplo dado por los Maestros de los Registros Akásicos, al individualizarnos, empieza a formarse nuestra familia del alma. Unas veinticinco almas descienden juntas a bordo del ascensor etérico. Empezamos como almas imponentes y en expansión; sin embargo, a medida que recorremos galaxias, dimensiones y vidas en las distintas esferas, elaboramos distintos planes del alma. Cada alma crece para acumular más sabiduría, e incluimos a nuestra familia del alma.

Los Maestros de los Registros Akásicos me han explicado que el alma es tan vasta que no cabe en un único cuerpo humano, ni en la Tierra ni en la mayoría de los otros mundos. Por eso el alma ha optado por dividirse en distintos aspectos del Alma Superior. Dichos aspectos de tu alma, que tienen experiencias vitales distintas, están en continua evolución. Al parecer, el alma original no deja de multiplicarse durante un período de tiempo que escapa a nuestra comprensión, tal vez miles de millones de años.

Según los Maestros, nunca hay un sólo aspecto de nuestra alma implicado en la vida. Puede haber millones de nosotros mismos viviendo millones de vidas. Estamos conectados a nuestra Alma Superior, de la que recibimos toda la información y sabiduría que adquirimos durante nuestras diversas vidas. Siempre me ha costado entender la idea según la cual, sin espacio ni tiempo, todo ocurre simultáneamente en el campo cuántico de la Fuente.

A lo largo de milenios, al vivir más vidas tanto en la Tierra como en muchas otras dimensiones o mundos, descubrimos cada vez más aspectos del alma. Dado que tu alma ha vivido y continúa viviendo numerosas vidas, las veinticinco almas originales de tu familia del alma (las personas en el ascensor de la parábola) con el tiempo se convierten en cientos o miles de familiares a los que puedes recurrir siempre que lo necesites.

Como el Alma Superior dispone de experiencias acumuladas de miles de vidas en la Tierra y en otros mundos y dimensiones, terminamos desarrollando muchos contratos del alma fuera de nuestra familia del alma original. Tanto las experiencias mundanas como el karma que hayamos creado gracias a estos contratos adicionales nos ayudan a aprender y evolucionar como alma.

Además, en estado álmico somos más inclusivos de lo que puedes llegar a imaginar. A veces adoptamos almas y las acogemos en nuestro grupo de almas para ayudarlas a crecer. Por ejemplo, puedes descubrir que tienes un contrato con alguien que parece un alma muy joven. Es posible que te comprometieras a ayudarla en su progresión mientras están aprendiendo en la Tierra.

¿Por qué mi relación es tan complicada?

Mis clientes suelen preguntarme: «¿Por qué elegí esta vida tan difícil, con tantos problemas para sobrevivir y traumas?».

Los desafíos que nos provocan traumas mentales, emocionales o físicos son una parte integral del crecimiento que necesita nuestra alma. Son oportunidades para evolucionar en amor y sabiduría. Podemos incluir el karma en nuestros contratos del alma, lo que significa que seguiremos atrapados en historias que se produjeron en nuestras vidas pasadas. Cuando nos quedamos atascados y le echamos la culpa de todo a los demás, somos incapaces de avanzar y nuestra alma deja de crecer. Como si se tratara de la rueda en una jaula de ratones, los bloqueos kármicos hacen que sigamos dando vueltas sin saber cómo bajar de la rueda. Cuanto más giramos, más frustrados nos sentimos.

Tu alma quiere comprender a qué se enfrenta para poder actuar de una forma completamente nueva. Por ejemplo, la próxima vez que cojas el coche, es posible que decidas tomar otra ruta. Observar con perspectiva nuestra situación personal, sea ésta compleja o sencilla, nos permite descubrir nuevas posibilidades. Al enfrentarte a un desafío, recuerda que lo que desea tu alma es aprender a superar los traumas y problemas que te alejan de la felicidad. Puedes crear una vida llena de amor y alegría, pero para lograrlo primero debes superar lo que se interpone en tu camino.

Cuando dejamos atrás el victimismo y entendemos que somos nosotros los que elegimos nuestras experiencias, nuestras almas infinitas se hacen más poderosas.

La razón principal por la que un alma llega a la Tierra

Por favor, no olvides que la razón principal por la que un alma llega a la Tierra es aprender y crecer, y que nuestros diminutos cuerpos no representan las vastas almas que somos en realidad. Pero, además, tu alma también está en este hermoso planeta para experimentar y disfrutar de todo lo que la vida tiene que ofrecer.

Los Maestros de los Registros Akásicos a menudo nos recuerdan que estamos aquí para ayudar a los demás, otra de las razones por las que vivimos esta experiencia. Los Maestros de los Registros están aquí para proporcionarnos información sobre nuestro plan del alma y la realidad que no vemos. Tanto la visión expansiva como la información que nos ofrecen los registros pueden ayudarnos a dejar atrás el dolor emocional y el caos que esta dimensión a veces provoca.

El mantra que encontrarás más abajo te ayudará a recordar la verdad de tu alma. Detente unos instantes, coloca una mano sobre el corazón, cierra los ojos y respira profundamente mientras dices en silencio:

Soy un alma infinita que vive esta experiencia humana. Crezco y despierto con paz y gracia. Todo respeta el perfecto orden divino.

Si te sientes muy estresado, repítelo al menos tres veces seguidas o durante todo el día, como un mantra. Repetirlo a menudo puede resultar beneficioso para recordar tu naturaleza de alma infinita.

Una reflexión sobre los desafíos de la vida

Después de que mis dos mejores amigas murieran mientras íbamos a la escuela, me sentí abandonada por ellas. También me sentí fracasada al no haber podido salvarlas. Me sentí indigna al ser la única que aún estaba viva. ¿Por qué había sobrevivido? ¿Y por qué habían muerto ellas?

Mi ego me decía que no podía ayudarlas y que ellas me habían abandonado. Durante un breve período de tiempo después de cada uno de estos traumas, decidí tirar la toalla. Dejé de buscar respuestas a mis dudas espirituales porque nada me ayudaba, ni mis estudios, ni los libros de espiritualidad ni las clases de filosofía. Caí en un patrón en el que sentía que no merecía nada, como les ocurre a muchas personas durante un período vital traumático.

Sólo podía pensar en una cosa: si no había sido capaz de salvarlas, entonces tampoco merecía seguir adelante para consumar mi plan del alma y convertirme en sanadora. Estaba enfadada con Dios por haberme arrebatado tan pronto a mis dos hermanas del alma. Culpaba a Dios tanto como me culpaba a mí misma. Sin embargo, en aquellos momentos nunca me pasó por la cabeza que sus muertes no tuvieran nada que ver conmigo. Estaba demasiado afligida para ver con claridad el plan de sus almas. Tenía el corazón demasiado roto como para ver más allá de mi dolor.

Muchas veces somos egocéntricos y creemos que todo gira a nuestro alrededor. No obstante, después de todos estos años hablando con los Maestros Akásicos, he descubierto que todas las almas tienen un plan, y dicho plan incluye ayudar a los demás y aprender de las múltiples relaciones que tenemos. Aunque seguimos disponiendo de libre albedrío para tomar decisiones, siempre terminamos regresando a nuestro plan del alma para aprender y profundizar en nuestra compasión y amor.

Cuando tenía diecinueve años, traumatizada, abandonada y enfadada, llegué a la conclusión de que mi castigo era renunciar a mis creencias esotéricas y ser simplemente humana. Hasta allí había llegado la búsqueda de mi hogar galáctico y de un significado superior. En lugar de eso, decidí hacer lo que fuera que hicieran los humanos. Decidí guardar en una caja de zapatos imaginaria tanto mi conciencia y percepción aumentadas como todos los dones que pretendía compartir con el resto de almas. Y escondí la caja en un estante etérico a gran altura durante años.

Es posible que muchos de vosotros hayáis hecho algo similar. Tal vez no metierais vuestros dones y recuerdos en una caja de zapatos como yo; quizá hicisteis algo más radical. Posiblemente, cuando eras pequeño, fueras consciente de las increíbles dimensiones del cosmos, pero luego la vida te pasara por encima. ¿Viste y hablaste con ángeles o hadas? ¿O con familiares que habían fallecido? ¿Te visitaron para ofrecerte su amor?

Tal vez tuviste unos padres poco cariñosos, distantes o fríos; no es que no te quisieran, es que no sabían cómo hacerlo. Lo más probable es que sus padres les maltrataran y sufrieran traumas emocionales. Los niños que no reciben suficiente amor suelen terminar sintiéndose indignos. Nos decimos a nosotros mismos que no merecemos lo que nos pasa porque cuando éramos pequeños no recibimos el amor que queríamos y necesitábamos. Pero todo esto son pensamientos y creencias falsas. Desde la perspectiva del alma, que puedes encontrar en tu Registro Akásico, estas ideas no son válidas.

Tu Registro Akásico ofrece una imagen más completa de lo que ocurre en realidad, una imagen que te ayudará a asimilar más rápidamente las lecciones que deseas aprender. Parte de nuestro crecimiento se produce a partir de las relaciones complicadas y de los traumas conectados a éstas.

Los Maestros de los Registros detallan los distintos tipos de contratos del alma que puedes tener con tu familia. Puede que descubras una verdad sorprendente: ¡tus padres no siempre son el elemento central de tus contratos del alma! A veces hacemos un contrato con un hermano, una tía, un abuelo o incluso un amigo de la familia para que se convierta en nuestro apoyo vital. Pese a no ser nuestros padres biológicos, son igual de importantes para nuestro viaje.

Es posible que, en tu plan del alma, tus padres decidieran negarte lo que crees que necesitabas para que pudieras reunir el valor necesario que te permitiera aceptar tu verdad y empoderamiento. De ese modo, podrías crecer y enseñar a otros a hacer lo mismo. Todo formaba parte del plan inicial. Puedes hacerlo como profesor de secundaria, como padre o como jefe de equipo en una empresa. No hay ninguna pauta fija a la hora de utilizar tus dones. Todo depende del libre albedrío.

El universo nunca es indiferente. Los traumas y las dificultades te conducirán a algo más significativo en tu vida, siempre y cuando te muestres receptivo a las lecciones y dones que puedan proporcionarte. El reto más importante al que nos enfrentamos como seres humanos es que hemos sido programados por la mente colectiva a pensar y sentir como víctimas. Normalmente pensamos que nos han castigado o que no merecemos el amor y todas las bendiciones de este mundo. Rara vez pensamos que se trata del plan superior de nuestra alma satisfaciendo los deseos de ésta.

Por favor, no te subestimes, ni subestimes el poder del plan de tu alma. Somos almas complejas y ancestrales que desean evolucionar. Disfruta del placer que significa expandir continuamente tus experiencias. Deja a un lado lo que sueles pensar acerca del propósito de tu vida y observa tus desafíos desde otra perspectiva. Busca la verdad.

Contratos del alma en grupo

Se están produciendo cambios muy importantes tanto en la Tierra como en sus habitantes. Se están activando contratos relevantes para propiciar el cambio en la humanidad y transformar los antiguos paradigmas de la programación colectiva que han estado vigentes los últimos 9 000 años. Piensa si no en lo que está ocurriendo con los derechos de las mujeres, la cultura, la raza, el sexo y los derechos de género. Estos contratos masivos requieren que millones de almas en todo del mundo transformen las antiguas energías en algo nuevo.

Se necesitan millones de personas para sanar a nuestra hermosa Madre Tierra y provocar el despertar de la humanidad. Existen enormes contratos del alma en grupo para acabar con todo tipo de abusos: físicos, emocionales, sexuales y mentales. Cientos de miles de almas están encarnadas en el planeta ahora mismo para ayudar a equilibrar las energías masculina y femenina, las cuales están desequilibradas desde hace más de 4 000 años. Asistimos a la desigualdad de género en muchos aspectos de nuestra realidad: en las relaciones de pareja, en la desigualdad salarial, en la discriminación de género en la educación, en la violencia sexual o en la falta de autonomía corporal.

¿Cómo se escriben este tipo de contratos?

Cuando las almas deciden venir a la Tierra, su plan empieza a evolucionar. Pero antes deciden por qué encarnan en la Tierra y qué harán una vez estén aquí. Luego eligen cómo quieren ayudar a la humanidad. Para mucha gente, sanar los patrones kármicos de vidas pasadas asegurará el crecimiento de su alma y la sanación colectiva de la humanidad.

Cuando hemos de enfrentarnos a una tarea complicada, el plan del alma puede resultar abrumador. Sin embargo, los Maestros Akásicos nos aseguran que todos los Maestros de los Registros Akásicos están a nuestro servicio. Podemos recurrir a su orientación para avanzar lentamente a medida que vamos comprendiendo nuestras relaciones y sus desafíos. Los Maestros Akásicos nos ayudarán a adquirir la conciencia necesaria para cumplir nuestro plan.

Si formas parte del grupo de almas que está aquí para acabar con el maltrato en nuestro planeta, puede que hayas elegido formar parte de una familia o relación en la que experimentes uno o más tipos de abuso. Recuerda que, además de estar ayudando a propiciar un cambio en la humanidad, también debes trabajar en tu propia vida pasada y en tu karma personal relacionados con la experiencia del abuso.

En el próximo capítulo profundizaremos en el tema de los contratos del alma con karma.

EJERCICIO DE REFLEXIÓN

- ¿Naciste en el seno de una familia que creía que vivías en un mundo de fantasía y que siempre estabas inventando cosas? ¿Te decían que estabas loco?
- ¿Las personas con las que creciste suelen decirte que no eras muy listo porque la escuela no era tu fuerte?
- ¿Alguna vez has pensado: por qué he nacido en esta familia?

A continuación, encontrarás una serie de poderosas oraciones que te ayudarán a liberar las emociones bloqueadas relacionadas con las conexiones kármicas tanto de tu familia biológica como la del alma. Utilízalas hasta que notes una liberación energética.

ORACIÓN PARA SANAR LAS RELACIONES FAMILIARES

Madre, Padre, Diosa, Dios, os doy las gracias por bendecirme con mi familia de origen y con la familia que me crio.

Reconozco y me libero de todos los juicios de valor que he podido hacer sobre ellos y les envío mi amor más puro e incondicional.

Todos somos almas divinas que han emprendido un viaje. Te bendigo en tu viaje mientras yo sigo mi camino en pos de mi propio Camino del Alma.

Que así sea. Bendito sea.

Madre, Padre, Diosa, Dios, la luz divina colma mi interior y mi alma se conecta más profundamente a mi cuerpo al aceptar esa verdad.

Conozco el trauma y el dolor que he experimentado en muchos niveles en esta vida. Ahora decido expulsar ese dolor de todas las células de mi cuerpo.

Me alejo de mi pasado y elijo un nuevo camino hacia la felicidad.

Sé que las personas implicadas en mi historia en el fondo son almas divinas, de modo que ahora puedo sentir por ellas una pureza de perdón que brota desde el fondo de mi corazón.

A medida que me deshago de las emociones dolorosas, veo cómo surgen los recuerdos, los bendigo y dejo que sigan su camino.

Ya no son mi verdad.

Sigo mi propio camino por el sendero de mi alma, un sendero impregnado del amor divino.

Que así sea. Bendito sea.

ORACIÓN POR LA DIGNIDAD DE LO QUE NOS HACE ÚNICOS

Madre, Padre, Diosa, Dios, afirmo mi singularidad y me libero de la conciencia colectiva que me ha limitado hasta ahora.

Me libero de todas las ataduras que coartan mi autoestima.

Renuncio al deseo de aprobación pública.

Me desligo de los contratos y acuerdos de grupo que ya no sirven a mi bien superior y dejo atrás las limitaciones de la autoridad.

Soy digno de expresarme como mi ser divino y hacerlo desde este momento y en el futuro.

Reclamo esta verdad tanto para mí mismo como para todos aquellos que conozca en el futuro.

Que así sea. Bendito sea.

En el próximo capítulo iniciaremos el viaje del karma y de las lecciones kármicas.

CAPÍTULO 4

KARMA PAGADO = CRECIMIENTO DEL ALMA

Nuestra realidad es mucho más vasta de lo que nuestra mente es capaz de comprender. Tu compromiso por aprender acerca de viejos patrones kármicos, y trabajar con ellos, puede crear una apertura energética y que tu vida tenga una mayor abundancia. Existen numerosas informaciones falsas sobre el karma, por eso considero necesario aclarar algunos conceptos relativos al tema.

El karma es una herramienta de aprendizaje y crecimiento espiritual, no un castigo o algo que debamos temer. En algunos casos, podemos tardar varias vidas en pagar el karma y, en otros, puede hacerse de forma prácticamente inmediata. Por ejemplo, los patrones kármicos conectados a traumas emocionales, abusos o traiciones deben trabajarse por fases y pueden tardar varias vidas en sanar y desaparecer.

En este capítulo veremos varios ejemplos de patrones kármicos. Todos ellos son casos reales, lecciones kármicas que mis clientes descubrieron durante sus consultas de sus Registros Akásicos. Las lecciones kármicas les habían producido bloqueos de energía que fuimos capaces de eliminar durante las sesiones. La eliminación de los bloqueos permite a mis clientes seguir avanzando en sus relaciones consigo mismos y con los demás. Es posible que te encuentres reflejado en algunos de los ejemplos.

A medida que aumenten tus conocimientos de las lecciones kármicas y el crecimiento espiritual, comprenderás mejor la auténtica naturaleza del karma, así como dónde puedes encontrarlo en tus relaciones con el dinero, el trabajo y la familia. Es una aventura, ¡pero una aventura que merece la pena emprender!

Lo que no es el karma

El karma funciona de muchas maneras distintas. Pero, al contrario de lo que la gente suele creer, no es un castigo por nuestras malas acciones ni tampoco provoca que nos ocurran cosas malas. Ninguna de esas dos cosas es cierta.

Hay lecciones kármicas inmediatas y evidentes

Muchos de nosotros obtenemos todos los días lecciones microkármicas rápidas que nos ayudan a bajar el ritmo, ser más comprensivos o perdonarnos a nosotros mismos. Algunas de estas lecciones ponen de manifiesto que estamos sobrecargados energéticamente.

El siguiente es un ejemplo de lección microkármica inmediata muy común que solemos pasar por alto: vas con retraso al trabajo, tienes mucha prisa y el vehículo que llevas delante lo conduce un conductor muy lento. Frustrado, das un volantazo y cortas a otro vehículo que no habías visto porque no estabas prestando atención. Suenan las bocinas y los insultos se suceden acompañados con gestos de las manos; ahora estás indignado. Por fin llegas al aparcamiento del trabajo y, cuando estás a punto de aparcar en una plaza, otro coche aparece de la nada, te corta el paso y te quita la plaza.

Esto es un ejemplo de karma inmediato y evidente que regresa a ti. ¿Cuál crees que es la lección?

Este ejemplo también podría enseñarte una lección mucho más importante. Podría ser una llamada de atención para que te calmes y tengas más paciencia. Tal vez estás avanzando demasiado rápido y de forma inconsciente en tu vida, lo que podría provocar que tuvieras un accidente y que te hicieras daño o se lo hicieras a otra persona. Si te detienes a pensar en ello, te darás cuenta de que podrían haberse producido muchos otros escenarios. Perder una plaza de aparcamiento podría ser la lección kármica menos perturbadora del día. Sin embargo, si sigues enfadado con la persona que te ha arrebatado el aparcamiento, la lección kármica no será ni tan rápida ni tan sencilla. La decisión siempre depende de ti.

Siempre y cuando se lo permitamos, las lecciones kármicas inmediatas y evidentes pueden enseñarnos poderosas lecciones vitales que pueden cambiar nuestra actitud de muchas maneras distintas. La mayor parte de las lecciones vitales son sencillas, pero profundas. Cuando pasamos por la vida de un modo consciente, nos sentimos menos estresados y con más energía. Podemos liberarnos de las preocupaciones que nos agotan.

Las lecciones kármicas sencillas pueden convertirse en importantes lecciones

Una lección kármica inmediata mientras conduces puede evitar que tengas un accidente, lo cual podría dar paso a una advertencia para tomar una decisión kármica mucho más importante. Sin embargo, si no captas el mensaje inmediato y sencillo, las advertencias serán cada vez más llamativas, pues el objetivo no es otro que el de llamar tu atención para que te detengas, reflexiones y te liberes del patrón kármico que ya no necesitas.

Darse contra un muro para echar abajo una lección kármica

¿Cuántas veces hemos recurrido a la expresión simbólica «darse contra un muro» cuando estamos contando una historia? Pues, para una de mis clientas, se convirtió en algo literal. Afortunadamente, nadie resultó herido, aunque su bolsillo tardó un poco en recuperarse. Fue un momento en la vida de Julie en la que su mundo se vino abajo después de pasar toda una vida excesivamente pendiente de su familia y demasiado poco de sí misma. Antes de ese momento, Julie tenía la sensación de que su vida era perfecta.

Una mañana, después de varios meses tratando de sobrevivir emocional, mental y espiritualmente, pisó sin querer el acelerador en lugar del freno mientras estaba aparcando su coche. Como resultado de ello, se estampó contra un muro de ladrillos que había a unos cuantos metros delante de ella. Según me contó Julie, vivió el suceso como si estuviera dentro de un sueño, como si el escenario tuviera vida propia. Supo que su alma la estaba despertando, aunque desconocía el motivo.

Se pasó meses atascada en la experiencia traumática; era incapaz de entender por qué había chocado con el muro de ladrillos. Cuando finalmente decidió consultar sus Registros Akásicos, descubrió un viejo patrón kármico: llevaba muchos años centrada exclusivamente en los demás porque necesitaba su cariño. Todavía sufría las consecuencias de un viejo e implacable patrón kármico que le hacía sentir que no se merecía lo que le ocurría en la vida.

Después de trabajar juntas, fue renunciando paulatinamente a su conducta de supervivencia que la había llevado a centrarse excesivamente en los demás y muy poco en sí misma. Este patrón kármico se había extendido a todas las áreas de su vida, tanto en sus aspectos más obvios como en los más sutiles. Al liberarse, Julie disponía de más energía y se sentía más segura para tomar la decisión de priorizar sus propias necesidades.

Pese a recibir diversas advertencias inmediatas y evidentes acerca de una posible lección kármica, no se había mostrado demasiado receptiva. Su modo de supervivencia en torno a su propia valía era demasiado fuerte. Tuvo que «darse contra un muro», literalmente, para despertar.

Lecciones para el alma desde el modo de supervivencia

Cuando nacemos, la misión más importante que tenemos es sobrevivir. Nuestra alma está aquí por un motivo; por tanto, intenta asegurarse de que nuestros padres, o las personas encargadas de cuidarnos, nos proporcionen las necesidades humanas básicas. Necesitamos comida y sentirnos seguros, pero también recibir amor. En función de las lecciones vitales que hayamos elegido, podremos cumplir o no con la misión inicial de supervivencia de nuestra alma, algo que también depende de los contratos que hayamos hecho con otras almas y de si éstas cumplen o no con su parte del contrato.

Si sólo nosotros fuéramos conscientes de nuestro plan del alma, podríamos seguirlo sin contratiempos ni miedos. Sin embargo, la mayoría de las personas tienen dificultades con las lecciones vitales. El modo de supervivencia es el principal escollo que debemos superar en el camino por alcanzar nuestro propósito vital. Si terminamos dominados por los pensamientos y las emociones negativas, los instintos de supervivencia pueden hacer estragos en nuestros sueños y objetivos.

Algunas personas crecen en zonas peligrosas del mundo o en hogares donde son víctima de abusos, por lo que convierten su supervivencia en el eje de sus vidas, tanto de una forma consciente como inconsciente. Sin embargo, muchos de los que no vivimos situaciones como las que he descrito, también estamos excesivamente centrados en la supervivencia. El alma utiliza la lente de la supervivencia para ayudarnos a descubrir viejas lecciones kármicas que necesitaremos para sanarnos a nosotros mismos y alcanzar nuestro propósito vital.

Sólo podremos empezar a liberarnos de los patrones de supervivencia repetitivos cuando seamos conscientes de ellos. Y nos resultará mucho más fácil hacerlo si sabemos que, en realidad, no son situaciones de vida o muerte. Una vez hayamos comprendido esto, podremos empezar a tomar nuevas decisiones de forma consciente sabiendo que nuestra alma tiene un plan para ayudarnos a alcanzar nuestro propósito vital.

El alma se nutre de nuestra confianza, o de la falta de ella

A muchas personas les cuesta mucho aprender a confiar en los demás porque se sienten vulnerables. Y cuando estamos solos, a veces nos sentimos impotentes. El alma utiliza nuestra falta de confianza para crecer. Si muchas de nuestras vidas están llenas de traumas, tragedias y traiciones, la lección kármica que gira en torno a la confianza se torna mucho más arriesgada. Sin embargo, debemos arriesgarnos a confiar en nosotros mismos, en Dios y en los demás. Temer lo nuevo y lo diferente forma parte de la naturaleza humana; muchas personas deciden no tomar el camino más arriesgado debido a este miedo. Y no pasa nada. En el trabajo del alma no hay respuestas correctas ni incorrectas.

No es fácil aprender y, con el tiempo, superar el karma relacionado con la confianza, pero el esfuerzo que nos permite disponer de la libertad necesaria para tomar nuestras propias decisiones merece la pena. Y gracias a eso, tu alma ancestral es capaz de compartir su luz, su sabiduría y su amor con las personas que te rodean y ejercer una influencia, que puede ser sutil o profunda, en sus vidas.

Muchas veces no sabemos cuándo estamos haciendo algo que tendrá un efecto decisivo en un contrato o el karma. No todas las situaciones son traumáticas, como podría pensarse en función de los ejemplos anteriores. En tanto almas ancestrales y sabias, todos estamos aquí para cambiar, cada uno a su manera, la trayectoria de nuestro planeta y crear un nuevo cielo en la Tierra.

Eres un alma ancestral

Piensa un momento en esto: es posible que hayas vivido en el Egipto del año 3000 a. C., en el África del 2500 a. C. o en la Persia del año 550 a. C. Eso te convertiría en alguien muy viejo, ¿no crees?

Todos hemos vivido en distintos lugares y en épocas distintas. Sin embargo, durante todos los años que llevo consultando los Registros Akásicos, casi nunca me he topado con alguien que haya vivido en la Tierra menos de doscientas vidas. Debido a que somos almas muy antiguas, el karma que elegimos para cada una de ellas tiene muchas capas, en función de los propósitos vitales que vamos eligiendo. Es muy curioso que la mayoría de las personas interesadas en la temática espiritual, y específicamente en los Registros Akásicos, hayan vivido al menos 400 vidas en la Tierra. Imagina la cantidad de lecciones kármicas que debes sanar para llegar a disponer de la confianza necesaria como para creer en un poder superior.

Descubrir los dones del alma

Si somos nosotros mismos los que escribimos nuestro plan del alma, ¿por qué elegimos una vida llena de dificultades? No es una pregunta fácil de responder. Las razones son complejas, pues nuestras almas también lo son. Una de las muchas respuestas está en el karma. Usamos karma de vidas pasadas para corregir el rumbo de las relaciones que establecemos con nosotros mismos, el planeta u otras personas. El alma quiere experimentar todas las facetas y resultados posibles y, al hacerlo, creamos karma. También está lo que denominamos patrones kármicos o, lo que los budistas llaman la Rueda Kármica de la Vida. Recuerda que el karma no es ni bueno ni malo; su función es la de ayudarnos a aprender, sanar y crecer.

Según los Maestros de los Registros Akásicos, hemos estado atrapados en un bucle, o en una rueda kármica, durante miles de años, con muchos problemas y patrones kármicos que se repiten sin cesar. La razón por la que estamos aquí es romper esos patrones kármicos. Cuando lo consigamos, podremos transformar esa energía y desbloquear nuestros dones. Este proceso resulta vital para cumplir el propósito de nuestra alma.

Mi trabajo me ha permitido conocer de primera mano la mayor parte de los desafíos a los que la gente suele enfrentarse: familias conflictivas, empleos que no nos gustan, relaciones múltiples… Hay personas que se sienten atrapadas en un matrimonio sin amor porque creen que no pueden permitirse el lujo de empezar una nueva vida. Pero si dieran un paso atrás y se dieran cuenta de que están atrapadas en el modo de supervivencia, serían capaces de desligarse lentamente de lo que no funciona en sus vidas, alinearse con su plan del alma y descubrir sus dones.

La humanidad se enfrenta a importantes desafíos porque actualmente estamos inmersos en un proceso de reequilibrio de los antiguos patrones kármicos basados en unos sistemas de creencias patriarcales profundamente arraigados y transmitidos de generación en generación en el seno de las diversas sociedades, religiones y culturas. Pero, por desgracia, esta lucha encaminada a transformar el desequilibrio entre lo masculino y lo femenino ha provocado un gran caos y no pocas fricciones. Durante milenios, las mujeres han vivido reprimidas, como esclavas, prostitutas o propiedad de los hombres. Actualmente, son muchos los trabajadores de la luz que se dedican a descubrir sus capacidades únicas para, de ese modo, ayudar a poner fin al abuso equilibrando el poder masculino y el femenino y despertando a otras almas para que encuentren la luz y el amor.

Mensajes de los Maestros de los Registros

Estimados,

Todo el mundo tiene el propósito de reequilibrar las dos energías más importantes del planeta: la energía masculina y la femenina. Sin equilibrio, el poder de la energía masculina destruirá a la humanidad, incluida nuestra querida Madre Tierra. Si el planeta sucumbe a la contaminación y el calentamiento global, todos sus habitantes morirán. La Madre Tierra no perecerá, pero tardará cientos, tal vez miles de años, en recuperarse. Por supuesto, vuestras almas irán a otras dimensiones y reinos; sin embargo, los patrones kármicos pueden experimentar una transformación. Por favor, permaneced alerta y sed conscientes de vuestras acciones. Haced todo lo que podáis para propiciar la sanación de Gaia.

Estimados,

Recordad que cuando eleváis vuestro campo vibratorio mediante la meditación o aprendiendo a acceder a los Registros Akásicos, además de cuando recurrís a muchas otras herramientas demasiado numerosas para mencionarlas aquí, estáis ayudando a la humanidad a transformarse. El propósito de vuestra vida es elevar a la humanidad alejándola de la vieja línea temporal de bajas vibraciones y acercándola a una línea temporal más positiva y de más alta frecuencia donde prosperaréis en lugar de morir. Una parte muy importante de todo esto es la superación de las complejas lecciones kármicas.

EJERCICIO DE REFLEXIÓN

- ¿Qué cambios te gustaría experimentar en tu vida si liberaras de forma consciente el karma inconsciente?
- ¿En qué aspectos de tu vida crees que tienes karma acumulado?
- ¿En qué aspecto de tu vida te centrarás en primer lugar?

El perdón es una poderosa herramienta para limpiar el karma. ¿Hay alguien a quien puedas perdonar para liberar parte del karma acumulado?

Divinidad, Espíritu, Fuente, por favor, propiciad en mí un estado de perdón hacia cualquier persona o situación que me haya hecho daño, de forma consciente o inconsciente, desde el principio de los tiempos hasta el momento presente. Les perdono y libero la energía del pasado.

Divinidad, Espíritu, Fuente, por favor, propiciad en mí un estado de perdón hacia mí mismo por cualquier daño que haya causado a los demás, de forma consciente o inconsciente, desde el principio de los tiempos hasta el momento presente. Me perdono a mí mismo y libero la energía del pasado.

Divinidad, Espíritu, Fuente, por favor, propiciad en mí un estado de perdón por cualquier daño que me haya causado a mí mismo, de forma consciente o inconsciente, desde el principio de los tiempos hasta el momento presente. Me perdono a mí mismo y libero la energía del pasado.

Invoco la gracia y el poder del perdón para transformar mi cuerpo, mi mente y mi corazón mientras regreso a un estado de Divina Inocencia.

Que así sea. Bendito sea. Amén.

ORACIÓN PARA DEJAR ATRÁS LA CULPA

Madre, Padre, Diosa, Dios, ayudadme a crecer para poder asumir tranquilamente la responsabilidad por mis actos y por mi vida.

Acepto que SOY un Ser Creador que ahora tiene una experiencia humana.

Me libero de la vieja culpa y de la creencia de que alguien «me ha hecho esto».

Me reafirmo en mi poder como el Creador Divino de mi propia experiencia vital.

Que así sea. Bendito sea.

ORACIÓN PARA DEJAR ATRÁS EL RESENTIMIENTO

Madre, Padre, Diosa, Dios, por favor, hacedme consciente de la animadversión que he provocado hacia otras personas.

Pido comprender la sabiduría superior para así poder reemplazar este resentimiento y esta ira por amor.

Al provocar esta transformación interior, soy consciente de que todos nos desplazamos hacia una alineación superior.

Que así sea. Bendito sea.

Ahora que ya sabes más cosas acerca del karma, es hora de que te familiarices con tus talentos y dones.

CAPÍTULO 5

TALENTOS Y DONES = PROPÓSITO

Son muchos los que se hacen preguntas acerca del propósito de su alma o de su camino vital. Por desgracia, a menudo las preguntas que nos hacemos nos conducen a respuestas poco específicas o nos provocan aún más desasosiego y frustración. ¿No te alegra saber, sin el menor atisbo de duda, que tu alma tiene un plan y que está en tu mano descubrirlo? ¡La vida es una aventura!

Los Maestros de los Registros Akásicos nos explican que nuestras almas son complejas y que en cada una de nuestras vidas aportamos dones y talentos para que nuestra alma cumpla con su propósito. Nuestra tarea consiste en descubrir y desarrollar estos talentos y habilidades para poder utilizarlos con precisión. Por desgracia, lo más habitual es que desconozcamos qué talentos tenemos y cómo o cuándo aparecerán.

Tras quince años avanzando a trompicones por un camino improbable hacia el lado humano de la vida, muy lejos de mi auténtico camino, me di cuenta de que estaba enferma. Tenía el síndrome de fatiga crónica. Me puse en manos de un excelente acupuntor que, poco a poco, me ayudó a curarme. El proceso, sin embargo, se alargó varios años. Aunque por aquel entonces no me daba cuenta de algo, ahora me resulta más que evidente: el propósito de mi alma era convertirme en sanadora. Como aún no sabía cuál era mi camino, probé y me formé en diversas modalidades en busca de la más «adecuada» para mí. Y entonces los Maestros Akásicos llegaron a mi vida.

Descubriendo a los Maestros Akásicos

Mientras hacía lecturas intuitivas y sanaciones energéticas para mis clientes, ocurrió algo que me cambió la vida. A veces recibía otro tipo de información, más profunda y expansiva. Años más tarde descubrí que aquella guía más trascendente procedía de los Registros Akásicos de mis clientes. Los mensajes se originaban en los seres de luz encargados de custodiar sus Registros Akásicos. Quise profundizar un poco más en el conocimiento de este campo energético y de su información trascendente y, gracias a mi deseo por aprender más, ellos me encontraron a mí.

Gracias a un giro del destino, conocí a una mujer que me dijo que la vasta información que estaba recibiendo procedía de los Registros Akásicos. Mi primera maestra de sanación energética me había hablado del Campo Akásico, pero me había dicho esto: «*Nadie puede entrar. Sólo puedes llegar a las puertas de la Biblioteca Akásica; desde allí puedes pedir sanación energética para tus clientes*».

De modo que me pasé muchos años yendo hasta las puertas de los Registros Akásicos para pedir la energía necesaria con la que ayudar a sanar a mis clientes. Pese a que veía la energía descendiendo y llenando sus cuerpos, nunca hablé con los seres que residían al otro lado de la puerta.

Con el tiempo, aprendí a acceder de forma consciente y deliberada a los gigantescos archivos de información. La puerta se abrió y finalmente pude acceder a los Registros Akásicos del alma, algo que no he dejado de hacer desde entonces.

Un día, los Maestros de los Registros Akásicos me pidieron que fundara una escuela para enseñar a otras personas a acceder y obtener información de sus propios registros del alma. Me recordaron que, con la llegada de la Era de Acuario, era el momento de ayudar a la humanidad a reforzarse accediendo a la sabiduría y los conocimientos de sus almas.

Aunque el reto era abrumador, no desfallecí, seguí sus instrucciones al pie de la letra y nunca miré atrás. Los Maestros de los Registros me han acompañado en todo momento y me han enviado a personas que me han ayudado a seguir avanzando, han abierto puertas para atraer a nuevos alumnos y me han guiado en todo lo que he llevado a cabo. Las bendiciones que he recibido no han hecho más que multiplicarse desde que decidí alinearme con la tarea que mi alma planeó para mí muchos eones atrás. Mi tercer libro, que ahora tienes entre las manos, me lo entregaron ellos, un ejemplo más de su afectuoso asesoramiento.

Después de varios años dedicándome a la lectura y sanación akásica y dando clases a alumnos de todo el mundo, había llegado el momento de descargar mis propias Claves de Acceso Akásico e inaugurar la Akashic Knowing School of Wisdom (Escuela de sabiduría del conocimiento akásico). En la actualidad disponemos de ocho Claves de Acceso Sagradas para ayudar a la gente de las estrellas a acceder rápidamente a su propio Akasha.

Llevo años preparando a miles de alumnos de todo el mundo a través de Internet y las plataformas de enseñanza en línea. Además, he certificado a decenas de alumnos como Consultores Akásicos e instructores de los Registros Akásicos. Actualmente, sigo ampliando mis actividades con programas de radio, conferencias, libros y cursos aplicados a los negocios o la enseñanza. Los maestros de los registros no dejan de orientarme hacia nuevas actividades, y yo me embarco en ellas con su ayuda.

Cuando mis queridas amigas murieron mientras iba al instituto, me sentí abandonada y angustiada ante la idea de tener que continuar con mi vida sola. No tenía ni idea de que éste iba a ser mi futuro. Nunca hubiera imaginado que ahora mismo estaría escribiendo este libro ni que mi alma tenía un gran plan que podía llevar a cabo con amor, integridad y mucha ayuda. Pero, aunque no lo sabía, estaba en el camino de descubrir y revelar mis dones y talentos para llevar a cabo el trabajo de mi alma. La lección más poderosa que aprendí de ellos fue ésta: jamás te juzgues a ti misma ni a tu viaje.

Los Maestros de los Registros Akásicos se han convertido en mis mejores amigos, en mis compañeros de viaje y en mis guías de confianza. Cuando empezaron a hablarme, me brindaron su apoyo, su amor incondicional y su sabiduría. Al principio, no sabía que eran ellos. La información que compartían conmigo trataba tanto de vidas pasadas como de contratos del alma actuales e incluso de futuros contratos. Hasta entonces jamás había recibido de una forma intuitiva tal cantidad de sabiduría y orientación. Estaba asombrada.

Lo más maravilloso de poder acceder a mis propios Maestros de los Registros Akásicos es que tengo el privilegio de hacerles preguntas todos los días. Las primeras preguntas que les hice fueron las más sinceras.

¿Por qué he vuelto?

Y ellos me dijeron: *Para ayudar a que la Tierra recupere su campo akásico.*

A lo que yo respondí: *Pero si sólo soy una madre con tres niños pequeños. ¿Por qué me habéis elegido a mí?* Su respuesta puso mi mundo patas arriba.

Los Maestros Akásicos respondieron lo siguiente:

Porque eras uno de Nosotros. Empezaste el viaje de tu alma como Maestra de los Registros Akásicos. Pero con el tiempo seguiste tu propio camino y te convertiste en un ser creador que ayuda a crear mundos.

Durante milenios has conservado la vibración akásica de los Maestros de los Registros Akásicos que trabajan para la humanidad. Ha llegado el momento de reconectar a la Tierra con esas altas vibraciones para que la gente pueda acceder a ellas fácilmente. Solicitamos tu ayuda en esta tarea. Estamos pidiendo ayuda a todos los antiguos Maestros de los Registros, pero son muchos los que no oyen nuestra llamada. Algunos creen que no lo merecen o tienen miedo de ser reconocidos, pues han sido asesinados muchas veces por hablar de temas espirituales.

También compartieron esto conmigo:

Hemos entrado en una nueva época, una nueva alineación astrológica y una Nueva Era, o lo que en sánscrito recibe el nombre de Yuga. Ha llegado el momento de actualizar el mundo y reconectar con el campo Akasha. La gente abusó del campo akásico durante la Edad Oscura y se les negó el acceso durante muchos años. Hicieron un mal uso de la información para obtener un beneficio personal y político. Por ejemplo, muchos usaron el campo akásico para encontrar secretos que robar, hurtar y saquear. Investigaban a la gente para descubrir dónde guardaban el oro y las joyas. Los generales pedían estrategias militares para ganar a sus enemigos.

Los humanos saben cómo abusar del poder, y en los Registros Akásicos encontraron una gran cantidad de información que utilizaron para su propio beneficio. Por este motivo, los Maestros de los Registros Akásicos cortaron el flujo de las altas vibraciones. Los únicos humanos con la capacidad de seguir accediendo al campo de energía, al haber pasado por un riguroso entrenamiento durante años, eran los místicos, los chamanes y las personas con una conciencia aumentada. La restricción de acceso al Campo Akásico se prolongó durante unos mil años.

Era la primera vez que oía aquel tipo de información. Fue fascinante encontrarle finalmente un sentido a lo que me había contado mi primer maestro psíquico: podemos acercarnos a las puertas de los Registros Akásicos para pedir energía curativa para nuestros clientes, pero nunca se nos permitirá entrar.

Al final de cada sesión de sanación intuitiva, asistía a un espléndido espectáculo: energía resplandeciente, libros, plumas, cascadas y otros magníficos símbolos entraban en el chakra de la corona de mis clientes. Tardé cinco años en comprender que los Maestros de los Registros les daban a mis clientes la información y la energía curativa que necesitaban a través de mí. Pese a lo que me habían contado mis profesores, que los Registros Akásicos y los Maestros de los Registros quedaban fuera de mi alcance, para mi sorpresa, éstos empezaron a comunicarse conmigo, y no han dejado de hacerlo desde entonces.

Fue un momento de aprendizaje muy emocionante. Por favor, nunca creas a pies juntillas lo que te cuentan tus profesores. Pregúntale a tu corazón: ¿siento realmente que eso es verdad? Todos los profesores, yo incluida, son humanos y pueden estar equivocados.

El Campo Akásico vuelve a estar abierto para la humanidad

Es importante que sepas que, mil años después, se ha producido otro cambio en la alineación energética. El Campo Akásico vuelve a estar disponible para la humanidad. Los Maestros de los Registros necesitan que les ayudemos a difundir que volvemos a tener a nuestra disposición una gran cantidad de información y energía sanadora. Todos aquellos que deseen trabajar con los Registros Akásicos serán capaces de comprender el plan del alma y recibirán su asesoramiento.

La única manera de cambiar el mundo es que miles de personas aporten su luz. ¿Cómo podemos hacerlo? Superando los patrones kármicos y descubriendo nuestros dones y talentos. Si queremos acelerar el proceso, debemos recurrir a la compasión y el perdón hacia nosotros mismos y los demás. La gracia que recibimos del perdón nos permite convertirnos en el amor que tanta gente necesita en estos momentos. Lo único que hemos de hacer es mantener la energía del amor en nuestros corazones; de ese modo podremos aumentar el nivel vibracional global. Muy fácil, ¿no te parece?

Estas sencillas acciones harán posible que la humanidad evite una guerra mundial o grandes catástrofes. Por favor, no subestimes el poder de tu luz. Y recuerda que, independientemente del momento vital en el que te encuentres, estar al servicio de la humanidad significa usar la compasión y el amor en todas partes: en el trabajo, con tu familia y amigos o en la educación de tus hijos. Cuando sonríes a los demás, estás compartiendo tu luz.

Todo empezó con intenciones sencillas pero valiosas

Mis hijas gemelas nacieron cuando mi hijo sólo tenía dieciocho meses. Tenía poco tiempo y menos energía para hacer algo significativo por la humanidad. Por eso, decidí que podía tratar de vivir con amor en mi corazón y sentir ese amor dondequiera que fuera. También me convertí en practicante de la Ciencia de la Mente para poder participar en la oración curativa de la congregación. Compartí la sanación energética con mis amigos y familiares, además de darles a mis hijos todo el amor de mi corazón. Les transmití todo mi amor y vi lo bueno que había en ellos, para que así pudieran verlo en ellos mismos cuando crecieran. Según los Maestros de los Registros Akásicos, mis instintos eran suficientes, del mismo modo que un corazón abierto y afectuoso hace vibrar el mundo.

Mis clientes suelen preguntarme por el propósito de su alma porque tienen la sensación de no haber hecho lo suficiente. Sin embargo, muchos de ellos son enfermeras, ingenieros o técnicos, por lo que ya están haciendo un trabajo de servicio. Una de las mayores bendiciones de poder conversar con tus Maestros de los Registros Akásicos es descubrir que no estás perdiendo el tiempo ni metiendo la pata. Según éstos, el camino hacia el propósito de nuestra alma es complejo, y todos son distintos. Existen muchos caminos para llegar a la cima de la montaña, y todos sirven para alcanzar el campo cuántico de la Fuente.

Debido a la rabia que sentía por la muerte de mis dos amigas, durante muchos años tuve la sensación de estar perdiendo el tiempo. Aquello hizo que recorriera un camino distinto al que esperaba recorrer a los veinte años. A pesar de ser una persona espiritualmente consciente, me alejé mucho de mi camino espiritual. En la década de los setenta, cuando vivía en San Francisco, mi camino era cualquier cosa menos espiritualmente consciente. Mi vida espiritual no formaba parte de mis preocupaciones. Sin embargo, todo eso cambió cuando la rabia y la desorientación desembocaron en una grave enfermedad, lo que me obligó a cambiar el rumbo de mi vida.

Un día, mientras estaba en casa con mis hijos, les pregunté a los Maestros de los Registros si había echado a perder mi vida, si había perdido mi gran oportunidad de alcanzar la iluminación. Siempre había sido una niña un poco rara; llevaba desde los catorce años pensado en la iluminación. Los Maestros de los Registros Akásicos se rieron con su amor puro e incondicional mientras me decían: *¡Claro que no! Todas las experiencias que tuviste a los veinte años allanaron el camino para ayudarte a descubrir tus mayores dones, los dones de la compasión y la indulgencia.*

Aquella respuesta me tranquilizó. Había sido muy exigente conmigo misma, pues estaba convencida de haber desperdiciado la oportunidad de ayudar a la humanidad y alcanzar la iluminación. Pero lo que me dijeron los Maestros tenía sentido; había aprendido por experiencia a no juzgar a los demás ni su camino. Al fin y al cabo, uno no sabe cómo ni cuándo descubrirá sus talentos y dones.

Sus enseñanzas también me ayudaron en la educación de mis hijos. Incluso los amigos de mis hijos me comentaban que recibían de mí mucho amor y apoyo. Sé, por experiencia propia, que la adolescencia no es fácil. Recuerdo muy bien cuando tenía esa edad. Sin embargo, amar a nuestros hijos incondicionalmente es el antídoto perfecto. *Incondicionalmente* no significa que les permitamos ser irresponsables, descontrolados o no tener límites; significa que los amemos a través de sus lecciones kármicas, para que así puedan descubrir sus talentos y dones.

Un pequeño paso después de otro. Ése ha sido mi camino vital. Sin embargo, cuando pienso a dónde he llegado, siempre surge algo nuevo, y mis pequeños pasos me llevan a hacerme más preguntas y a aprender más cosas sobre el mundo que nos rodea.

Tus dones crean un hermoso collar de perlas

Exploremos de qué modo acumulamos en distintas vidas los dones que necesitamos en ésta. Primero, imagina una vida en la que te gustaba mucho tu trabajo y vivías con un propósito y en plenitud. Eras un autor que escribía y publicaba muchos libros famosos. Ahora imagina esa vida como una hermosa perla en el plano etérico.

Avanza rápido a otra vida, unos cientos de años más tarde, cuando tuviste una vida similar, pero esta vez eras poeta. Tus poesías, que hablaban de amor, lograron abrir los corazones de tus admiradores y educar a la gente sobre el amor. Ahora imagina que esta vida representa otra hermosa perla en el plano etérico.

Ahora retrocedamos 2 300 años, a una vida en la que eras escriba en la gran biblioteca de Alejandría, un trabajo importante y muy apreciado. Ahora imagina el plano etérico; esa vida representa otra hermosa perla.

En otra vida eras un monje que se dedicaba a copiar la Biblia con una hermosa caligrafía y bordes decorativos. Tu trabajo era venerado tanto por su belleza como por su precisión. En el plano etérico, imagina esa vida como otra hermosa perla.

Ahora visualiza las cuatro hermosas perlas ensartadas en un collar. En tu próxima vida, decides utilizar la perla del escritor como uno de los talentos que aportas al mundo.

En esa vida, te conviertes en un célebre comunicador, publicas libros y das conferencias desde el escenario. El collar de perlas, donde se acumulan tus diversas experiencias y habilidades profesionales, desde las del escriba hasta las del autor de éxito, te ayudará a desenvolverte en tu trabajo.

También podemos utilizar los talentos acumulados en diversas vidas para cumplir con el plan de tu alma. Dispones de muchos collares de perlas en el plano etérico que puedes utilizar en otras vidas. Decides encarnar con un gran grupo de almas cuyo contrato consiste en equilibrar la energía masculina y la femenina, así que utilizas las perlas de dos vidas distintas en las que fuiste una gran sacerdotisa. Cada una de esas vidas te ayudó a desarrollar talentos únicos. En una eras una mujer que cuidaba a niños de la calle y, en otra, una sabia sacerdotisa en un templo indio. Gracias a tu experiencia como sacerdotisa, conseguiste las capacidades y talentos de la clarividencia, lo que puede ayudarte a alcanzar tu propósito de ayudar a la humanidad en la presente encarnación.

El collar simboliza todos los talentos, dones y conocimientos que atesoras con el objetivo de lograr tus propósitos. Tus dones se entrelazan con los de otras almas y los utilizáis al unísono para el cumplimiento de un propósito superior.

Otra forma de utilizar tus dones de clarividencia es ayudando a otras personas a ser conscientes del desequilibrio entre la energía masculina y la femenina en diferentes entornos y enseñarles cómo pueden corregirlo. Por ejemplo, el desequilibrio se manifiesta cuando trabajas en un entorno corporativo donde predominan las energías masculinas. Tu carrera profesional te lleva a trabajar en una empresa como, por ejemplo, abogado. El plan de tu alma tiene en cuenta dónde pueden crear el mayor impacto tus dones y talentos. De modo que te coloca allí para que colabores en el equilibrio de las energías masculina y femenina. También es posible que tu alma te haya puesto allí porque quiere provocar un giro radical en el tema salarial y que los hombres y las mujeres reciban un mismo sueldo por el mismo trabajo.

Aconsejar a parejas también puede revelar tu propósito de equilibrar las energías, dado que les ayudas a equilibrar las energías masculina y femenina tanto en sus relaciones como en el ámbito familiar. O puedes decidir trabajar con mujeres ayudándolas a superar el miedo a reafirmar su poder femenino y su amor incondicional.

Podrías ayudar a otras mujeres a abrazar la santidad de lo divino femenino y tener un contrato de grupo para ayudar a equilibrar las energías masculina y femenina del planeta. En esta vida, puede que hayas creado un contrato para tener una pareja afectuosa y comprensiva, lo que te permite crear un negocio para propiciar el equilibrio entre hombres y mujeres escribiendo libros y dando conferencias en empresas.

Otra posibilidad: tus dones de clarividente podrían permitirte fundar un círculo de sanación para mujeres; de este modo, darías la oportunidad a muchas hermanas del alma de vidas pasadas a reunirse y apoyarse mutuamente en su viaje vital. Tu naturaleza clarividente e intuitiva, basada en tus dones de vidente, te permiten hacer lecturas para tu círculo de sanación. Ahora estás viviendo plenamente el plan de tu alma. Las perlas que has ido acumulando en tus numerosas vidas pasadas se reciclan a medida que el mundo evoluciona.

Muchos de vosotros sois trabajadores de la luz cuyo propósito es aumentar la vibración de la humanidad. Podéis cumplir con vuestra función como madres, directoras de banco o trabajando en una oficina. Existen muchísimos trabajos, carreras o negocios a través de los cuales podéis cumplir con el plan de vuestra alma.

Estos ejemplos muestran algunos de los aspectos esenciales del trabajo que llevamos a cabo para aumentar la frecuencia de vibración del planeta y para que la humanidad sienta más amor y compasión por los demás. Aunque tu papel en todo esto puede adoptar muchas formas distintas, lo más importante es que el propósito de tu trabajo, carrera o negocio sea el de mantener una alta vibración y reforzar cualquier energía curativa que lo necesite. Al hacerlo, te darás cuenta de que, independientemente de lo que hagas y de con quien lo hagas, existe un propósito superior: el propósito de tu alma.

EJERCICIO DE REFLEXIÓN

- ¿Cómo puedes ampliar la concepción que tienes acerca de tu trabajo o de la carrera que has elegido?
- ¿Cómo puedes utilizar tus talentos para ayudarte a ti mismo, a tu familia y a tu comunidad?
- ¿Estás haciendo algo en tu vida porque sientes el impulso natural de hacerlo?

Recuerda: No hay ningún trabajo, por pequeño que sea, que no puedas utilizar para satisfacer el deseo de tu alma de ayudar a la humanidad. No importa lo que hagas o en qué punto estés de tu camino; lo importante es la voluntad de servicio. Recuerda sonreír y dar mucho amor a todos aquellos que te rodean.

Madre, Padre, Diosa, Dios, estoy centrado en mi cuerpo mientras alineo mi mente, mi espíritu y mi cuerpo con el propósito de mi alma y el Dharma.

Al encarnar los dones de mi alma, acepto mi alma singular.

Incorporo en mi vida una práctica espiritual constante.

Sirvo a mi familia y a mi comunidad mientras estoy alineado con mi propia luz.

Agradezco la fluidez con la que el amor y la gracia fluyen a través de mi vida.

Que así sea. Bendito sea.

Recurrí a esta oración para sentir y experimentar que estaba ayudando a los demás. La leí tres veces al día durante catorce días. Durante ese tiempo, muchas personas me pidieron ayuda, personas con las que sigo trabajando en la actualidad. Finalmente, he logrado sumergirme en el propósito de mi alma. Te lo agradezco, Dios. Me siento bendecida.

ORACIÓN PARA SER ÚTIL A LOS DEMÁS

Madre, Padre, Diosa, Dios, me siento bendecido por ser un alma al servicio de los demás.

Por favor, ayúdame a descubrir la actividad más adecuada y elevada que puedo llevar a cabo en este momento para ayudarme a mí mismo, a mi familia y a mi comunidad.

Que así sea. Bendito sea.

ORACIÓN PARA VALORARSE A UNO MISMO

Madre, Padre, Diosa, Dios, por favor, apoyadme mientras asumo la verdad de ser un alma divina.

Por favor, conectadme a este recuerdo expansivo y alineadme con el conocimiento de cómo he llegado a estar al servicio de los demás.

Me valoro como alma ancestral e infinita.

Aprecio los dones que puedo ofrecer a la humanidad.

Los comparto con humildad y gracia.

Que así sea. Bendito sea.

En el próximo capítulo descubriremos cómo podemos obtener sabiduría de nuestras vidas pasadas.

CAPÍTULO 6

VIDAS PASADAS = SABIDURÍA

¿Has vivido más de una vida?

La reencarnación ha sido objeto de mucha especulación. ¿Realmente sólo disponemos de una única oportunidad para hacer las cosas bien? ¿No te encantaría saber que puedes volver a intentarlo, pero con todo lo que has aprendido en esta vida?

Los Maestros de los Registros Akásicos aseguran que vivimos miles de vidas, centenares aquí en la Tierra y el resto en otras esferas y dimensiones. Como somos almas infinitas, a medida que viajamos, nuestras familias del alma se expanden. Aquí en la Tierra, aprendemos, crecemos y disfrutamos de la vida en un cuerpo. Hay tantos sentidos con los que experimentar, tal abundancia de lugares, personas, ideas, pensamientos, creencias y sentimientos.

¿Alguna vez has conocido a alguien que te resulta muy familiar, como si hubierais formado parte de la vida del otro durante años? O, por el contrario, es posible que haya alguien por el que sientes un odio intenso pese a que acabáis de conoceros. O conoces a una persona y sabes que es «tu media naranja» en cuanto la ves.

¿Todos estos encuentros son realmente aleatorios? Yo creo que no, y todo lo que sé y he aprendido de los Maestros de los Registros Akásicos en los últimos treinta años confirma que la vida no es aleatoria. Reencarnamos con un plan del alma y familias del alma.

Responde con sinceridad a estas preguntas: ¿alguna vez has visitado un lugar por primera vez y te has orientado perfectamente en él? ¿Has conocido a alguien con el que te hayas sentido inmediatamente conectado? ¿Cuántas veces has soñado que vivías en otra época o en otro planeta?

¿La reencarnación es real?

Las distintas perspectivas y enseñanzas religiosas, con sus diversas especulaciones sobre si hemos tenido otras vidas anteriores a ésta, sólo sirven para añadir un poco más de confusión al tema. A pesar de haber estudiado durante años diversas enseñanzas espirituales, sigue sin tener ningún sentido para mí que nuestra alma sólo cree una vida. En esa única vida, deberíamos tomar decisiones que afectarían a toda la eternidad. ¿Cómo se puede acumular la suficiente sabiduría, conocimientos y dones en una sola vida para tomar decisiones informadas?

Muchas veces me he planteado la injusticia inherente al hecho de disponer de una sola vida. Piensa en toda la diversidad del mundo, todas las culturas, realidades socioeconómicas, contingencias de salud o riqueza, raza, género y tantas otras opciones más. ¿Por qué hay personas tan pobres que deben vivir en la calle y morir de hambre o por culpa de una enfermedad mientras que otras nacen en el seno de una familia rica con infinitas posibilidades? Según la mayoría de los sistemas religiosos, ambas almas son juzgadas del mismo modo por sus acciones.

Según los Maestros de los Registros Akásicos, venimos a la Tierra para experimentar todo tipo de situaciones, incluso las dolorosas. Es posible que en una de tus vidas pasadas hayas vivido rodeado de lujos y que no hayas prestado la menor atención a las personas menos afortunadas que te rodeaban y que, en otra, quisieras experimentar cómo era vivir sin disponer de las necesidades básicas. Puede que hayas regresado para ayudar a equilibrar las desigualdades de tu mundo gracias a todo lo que has aprendido en esas dos vidas anteriores. Si es así, podrías formar parte del gobierno, ser un filántropo o desempeñar cualquier actividad donde puedas fomentar una mayor igualdad social.

La reencarnación nos permite experimentar diversas facetas de la vida. Regresamos para ayudar a la humanidad con la sabiduría que hemos acumulado en nuestras vidas pasadas.

La reencarnación según algunas religiones antiguas

Cuando estudiaba filosofía en la Humboldt State University, estaba fascinada por el hinduismo y el budismo. Dado que estas religiones creen en la reencarnación, me sirvieron para confirmar los conocimientos innatos sobre el tema que había tenido desde pequeña.

El hinduismo es una de las religiones más antiguas y, con unos mil millones de fieles, la tercera más numerosa del mundo. Según la tradición hindú, el alma de una persona no termina con la muerte física, sino que continúa reencarnándose en función de las acciones del alma durante su vida en la Tierra. Las acciones positivas significan un progreso en la evolución del alma, mientras que las negativas o egoístas pueden hacer que el alma renazca como un animal. Este ciclo continuo de vida y renacimiento conduce en última instancia a la salvación y el reencuentro con el dharma divino. En el hinduismo, se considera esto una ley cósmica que sustenta tanto el comportamiento correcto como el orden social en su conjunto, y en el budismo, la naturaleza de la realidad considerada como una verdad universal transmitida por el Buda. Uno de los aspectos de la verdad o la realidad consiste en vivir en alineamiento como una persona moral y justa. Cuando vivimos en dharma, en alineamiento con el orden divino, dejamos de crear karma. El dharma vendría a ser algo así como el propósito divino, mientras que el karma es la forma que tiene el universo de decirte que te estás desviando del camino de tu dharma.

En la salvación definitiva, que recibe el nombre de *Moksha*, el alma se une al Creador y se libera del ciclo de la vida y la muerte.

El budismo también transmite la idea de la reencarnación. Los budistas creen que cada nueva vida está basada en la anterior. También creen que, si no llevas una vida altruista, te reencarnarás en animal. En la época moderna, la creencia en el renacimiento animal ha perdido fuerza en beneficio del karma, lo que significa que las acciones pasadas determinarán si tu próxima vida será buena o complicada. Existen seis dimensiones en las que podemos renacer, y no siempre lo hacemos en la Tierra. Como en el hinduismo, el alma continúa aprendiendo y renaciendo hasta que logra liberarse del deseo y alcanzar un estado de unidad con el universo.

Los seguidores del hinduismo creen en el libre albedrío y en la capacidad de decidir. Aunque muchos de ellos no tengan la sensación de haber elegido nacer en una familia disfuncional o con un problema de salud, también creen que es importante equilibrar la deuda kármica, aprender a limpiarla y no crear más.

¿Qué es el karma?

Llamamos karma a la responsabilidad espiritual por nuestras acciones. No suele considerarse como buena o mala suerte, sino más bien como la asunción de responsabilidad por nuestras acciones y sus consecuencias.

Los Maestros de los Registros Akásicos también nos dicen que el karma no es un castigo, sino una forma de facilitar el aprendizaje que lleva al crecimiento espiritual. Al equilibrar, liberar y dejar de crear karma (lecciones perdidas), nos adentramos en un lugar de amor incondicional y compasión y nos bajamos de la rueda kármica. Entonces, podemos tomar la decisión de reencarnar en la Tierra para ayudar a los demás o no hacerlo. En los diversos universos multidimensionales existen muchos otros lugares a los que viajar y visitar.

Me parece interesante que las enseñanzas budistas incluyan la reencarnación animal. Según los Maestros Akásicos, no es habitual que una persona pase de humano a animal. Cuando esto sucede, quiere decir que el alma desea alcanzar un objetivo específico o adquirir una información determinada que sólo puede conseguir en forma de animal.

¿Por qué reencarnamos?

El alma recurre a diferentes vidas para experimentar otros aspectos del ser físico: emociones, pensamientos, limitaciones y fortalezas físicas, búsquedas espirituales y mucho más. Las experiencias son tan ilimitadas como el número de almas recorriendo infinitos caminos.

No siempre concluimos todas nuestras lecciones antes de morir. Por eso vivimos cientos de vidas, para tener la oportunidad de completar nuestra misión fundamental: el crecimiento espiritual. A veces, el plan del alma nos resulta demasiado doloroso o traumático. De ahí que, a nivel del alma, decidamos abandonar esa vida y esperar un tiempo antes de volver a intentarlo. Todo el mundo crea patrones y contratos kármicos incompletos, y eso nos impulsa a reencarnar para terminarlos.

Tu plan del alma puede convertirse en un desafío

Aunque nuestras almas hacen planes, es nuestro libre albedrío el que decide si podemos o queremos llevarlos a buen puerto.

Evidentemente, al haber vivido numerosas vidas, hemos aprendido a ser conscientes de nuestros actos, palabras y acciones. No obstante, a medida que aprendemos a vivir la vida de forma responsable, al llegar al final de esa vida, nos invade un sentimiento de alegría y amor porque sabemos que dejamos el mundo mejor de lo que lo encontramos. Nuestro servicio a los demás, así como el trabajo o nuestras aficiones y relaciones, contribuyen a hacer que sea una vida plena.

En cierto sentido, esto vendría a sintetizar lo que deseamos lograr en tanto almas conscientes. Venimos a la Tierra a aprender acerca de la compasión, la gratitud y el perdón, pero también para vivir en un estado de despertar o iluminación… en contacto con el amor divino puro.

Cuando sentimos la llamada

Veamos el plan del alma desde una perspectiva más amplia. Cuando nos alejamos un poco para analizar nuestra vida, nos damos cuenta de que las decisiones que nos hemos visto obligados a tomar nos han ayudado a aprender y crecer a partir de los problemas, las limitaciones, el amor y las angustias. Todas las experiencias que vivimos nos preparan para el momento en que recibimos la llamada para ponernos al servicio de los demás, siempre y cuando eso forme parte del propósito de nuestra alma.

Como he mencionado en el capítulo 5, los Maestros de los Registros Akásicos me pidieron que compartiera estos conocimientos, además de hacerlos comprensibles y asimilables, con aquellas personas que estuvieran preparadas para recibirlos.

Una parte del plan de mi alma consistía en ayudar a devolver a la humanidad la sabiduría de los Registros Akásicos en este momento histórico concreto. Mi actual plan le ayudó a mi alma a decidir cuál era el momento oportuno, el momento en que los Maestros de los Registros Akásicos intentarían comunicarse conmigo a través de las lecturas intuitivas que hacía para mis clientes. Cuando lo hicieron, me proporcionaron cuantiosa información sobre el camino del alma de mis clientes. Aunque esto se prolongó durante más de cinco años, nunca me dije: «¿Quién me está dando toda esta información tan detallada?».

Sus intentos anteriores habían fracasado porque yo aún no estaba alineada. Cuando por fin estuve lista para prestar atención a su sabiduría y canalizar información más profunda, los clientes perfectos resultaron ser los destinatarios. El aumento de la información, finalmente, me impulsó a preguntarme cuál era el origen de aquella profunda sabiduría.

Obtuve la titulación como Practicante de la Oración en el Centro para la Vida Espiritual (RRCP). Tras diez años estudiando y sanando, los Maestros de los Registros Akásicos me pidieron que escribiera mi segundo libro: *From Questioning to Knowing. 73 Prayers to Transform Your Life*. El libro incluye setenta y tres oraciones impregnadas de energía curativa akásica. No obstante, la información más importante que he recibido de los Maestros de los Registros Akásicos en los últimos treinta años ha sido su orientación clara y directa. Son seres luminosos puros y divinos que nunca juzgan.

¿Por qué vivimos tantas vidas?

Según los Maestros Akásicos, la mayoría de las almas que vienen a la Tierra viven aquí cientos de vidas. A menudo nos quedamos atrapados entre aprender o no aprender, lo que nos lleva a volver a aprender las mismas lecciones en otras vidas. Y eso, a su vez, provoca que nos hagamos más preguntas sobre la reencarnación y el número de vidas. Los Maestros de los Registros aseguran que muchas almas de la Tierra han estado aquí repetidamente durante cientos, y en algunos casos miles, de años. Debido a la densidad de este plano y a los desafíos que han caracterizado la vida durante los últimos milenios, es probable que ya hayas vivido de 400 a 700 vidas sólo en la Tierra.

Regresamos para romper votos, lazos kármicos y patrones, y también para cumplir contratos. Hay personas cuyos antiguos votos, de pobreza, castidad u obediencia, siguen afectando a sus vidas. Estos votos pueden ser remanentes de vidas pasadas en las que fuimos monjes, sacerdotes, monjas u otros oficios religiosos. Puede que estemos tratando de encontrar el amor, ganar dinero o vivir una vida independiente y fructífera y que todos nuestros esfuerzos se vean frustrados cada vez que creemos tenerlo al alcance de la mano. Ese tipo de circunstancias podemos identificarlas y eliminarlas del registro akásico de nuestra alma. Más adelante encontrarás una oración para la eliminación de antiguos votos. Pruébala, aunque creas que no los tienes; vale más prevenir que curar.

Dado que somos almas inmortales, hemos vivido en muchos lugares distintos, en otros planetas o dimensiones, además de la Tierra. Aunque este planeta es el plano más exigente de todos, pues en él hay mucho que aprender, también es donde más podemos disfrutar desde un punto de vista físico. Nos deleitamos con el delicioso sabor de la comida, con sus hermosos océanos, playas, montañas y cascadas, con toda su gloria y magnificencia. La belleza de este lugar hace que nuestros viajes sean mucho más agradables.

Nos encanta experimentar el contacto y la intimidad humana, y la posibilidad de convertirnos en Seres Creadores. Incluso podemos crear bebés y dar a luz. Según los Maestros Akásicos, la Tierra es un lugar único comparado con las otras dimensiones y planetas en los que podemos vivir o visitar.

Y lo que es más importante, a medida que asumamos nuestra naturaleza de Seres Creadores, lo sabremos y sentiremos en nuestros corazones, lo que nos permitirá aceptarlo y encarnarlo. El futuro es voluble; nada está escrito en piedra. Nuestra vida no está predestinada. Tenemos la capacidad de decidir y libre albedrío. Encarnamos para poder tomar decisiones conscientes e informadas que nos ayuden a descubrir la verdad acerca de nuestras almas y nuestro propósito vital.

EJERCICIO DE REFLEXIÓN

- ¿Crees haber vivido más de una vida? ¿Por qué?
- ¿Alguna vez has visitado algún lugar o has conocido a alguien que te resultaba muy familiar?
- ¿Has tenido una mascota con la que tenías la sensación de haber vivido en otra vida?
- ¿Crees que puedes tener votos activos que estén afectando a tu vida? ¿Cuáles?

ORACIÓN PARA LIBERARNOS DE VOTOS DE VIDAS PASADAS

Madre, Padre, Diosa, Dios, me alineo con el presente en este preciso instante.

He experimentado bloqueos de energía en mi vida y en mi cuerpo.

Ahora sé que esto no es lo que soy.

Visito el pasado y las vidas en las que hice votos de pobreza.

Suelto esos votos y permito que se dirijan hacia la Energía Divina de la Fuente.

Estoy agradecido por todos los dones que he obtenido en esas vidas.

Reclamo la más elevada bondad, sabiduría y verdad que puedo contener.

Avanzo, liberado de las energías de mis vidas pasadas, miedos y bloqueos, al tiempo que acepto la abundancia en mi vida. Soy abundancia.

Madre, Padre, Diosa, Dios, os pido que eliminéis la influencia negativa de las otras dimensiones y que enviéis sanaciones específicas y apoyo desde otra dimensión.

Pido a mis Seres Akásicos de Luz que me ayuden en la limpieza multidimensional de las corrientes e impresiones negativas.

Pido a mi futuro yo, quien ya ha logrado la sanación y conoce el camino, que me muestre el sendero de la gracia.

Veo cómo la dorada luz sanadora de la Fuente entra en mi cuerpo mientras recibo sabiduría y orientación para mi viaje de sanación.

Acepto la bendición con gratitud.

Y así sea. Bendito sea.

En el próximo capítulo, descubriremos cómo el dolor emocional y los traumas pueden condicionar nuestra capacidad para ser felices.

CAPÍTULO 7

TRAUMAS = OBSTÁCULOS PARA LA LIBERTAD

Escribimos nuestro plan del alma antes de regresar a la Tierra, y dicho plan abarca todo lo que deseamos experimentar en la próxima vida. Debemos tomar muchas decisiones, entre ellas, los contratos que queremos empezar y completar, el karma que deseamos liberar, así como las lecciones y los conocimientos que necesitaremos para alcanzar el propósito de nuestra alma superior. Y, entonces, hacemos contratos con otras almas para asegurarnos de alcanzar el objetivo de nuestro plan.

Creamos contratos específicos con algunas personas para provocar situaciones concretas. A veces, el contrato del alma incluye cierto nivel de trauma emocional. Puede que estemos aquí para sanar los abusos en nuestra línea familiar. Antes de llegar a la Tierra, hacemos un contrato con un alma para superar ese trauma. El alma en cuestión puede elegir adoptar el rol de perpetrador del abuso en esa vida en cuestión, dejándonos a nosotros el papel de víctima. O nosotros podemos ser la víctima en una vida y el perpetrador en otra. En los patrones kármicos que se alargan durante muchas vidas, podemos intercambiar los papeles una y otra vez, hasta que ambos comprendamos el patrón y lo sanemos.

¿Por qué decidimos sufrir traumas en nuestra vida o ser la persona que los inflige? Ésa es una pregunta complicada que tiene muchas respuestas. La forma más sencilla de explicar por qué atraemos el trauma es la siguiente: deseamos experimentar todos los aspectos del trauma porque las experiencias traumáticas nos ayudan a crecer. Por ejemplo, el propósito de nuestra alma podría ser el de aprender a perdonar o puede que necesitemos comprender la dinámica de la compasión tras una experiencia traumática. Los Maestros de los Registros Akásicos quieren que seamos compasivos y que comprendamos que la persona que provoca el trauma no es necesariamente mala. En esta vida pueden parecer malas personas, pero desde el punto de vista de sus almas, son seres divinos.

En algunas de nuestras vidas somos capaces de alcanzar el propósito marcado por el plan de nuestra alma, pero en otras, debemos repetir el desafío y las mismas lecciones hasta que finalmente las aprendemos.

Cada vida es un viaje de aprendizaje en el que descubrimos qué es la libertad para nosotros. Por desgracia, el trauma es uno de los maestros más importantes que tenemos, pues podemos toparnos con él en muchas circunstancias y niveles distintos. Podemos sufrir traumas a nivel mental, emocional, espiritual y físico, o incluso a través del lenguaje corporal o las señales verbales y no verbales. Y también podemos provocarlo en los demás.

¿Por qué nos hacemos algo así a nosotros mismos?

Queremos aprender y completar las lecciones de vidas pasadas relacionadas con el trauma para así liberar las emociones bloqueadas. Puede haber patrones kármicos donde seguimos experimentando la vida desde el punto de vista del perpetrador o de la víctima. O puede que queramos entender cómo influyen en nuestra vida las emociones atascadas y los patrones kármicos.

Como he mencionado anteriormente, en muchas de nuestras vidas anteriores aprendimos a ser conscientes de nuestros actos, palabras y acciones, y logramos entrar en un estado de alegría y amor. Al marcharnos, dejamos un mundo mejor del que habíamos encontrado. Y en las vidas en las que no tuvimos tanto éxito, repetiremos las lecciones hasta que dejemos de hacernos daño, tanto a nosotros mismos como a los demás. Aprenderemos a elegir de forma consciente para detenernos, aprender y amar.

Recuerda, estamos en la Tierra para aprender qué es la compasión, la gratitud y el perdón, para poder alcanzar finalmente un estado de despertar o iluminación y experimentar el amor puro y divino. A veces, para llegar a la libertad debemos experimentar el trauma.

Las emociones nos ayudan en nuestro viaje

Atesoramos nuestras emociones, que son altamente complejas, en lo más profundo de nuestro ser. Si pasamos de una vida a otra ignorando y reprimiendo nuestros sentimientos, en algún momento acabarán surgiendo y provocando estragos en nuestras relaciones, nuestra salud o nuestro estado mental. A menudo las enfermedades son consecuencia de emociones reprimidas durante largo tiempo.

Según numerosas investigaciones, las emociones negativas mal gestionadas son perjudiciales para la salud. Por ejemplo, las actitudes negativas y los sentimientos de impotencia y desesperanza pueden provocar estrés crónico, el cual altera el equilibrio hormonal del cuerpo, consume sustancias químicas del cerebro necesarias para la felicidad y deteriora el sistema inmunológico. Con el tiempo, todo esto puede traducirse en enfermedades y dolor físico.

La incapacidad para dar o recibir amor o mantener relaciones profundas con los demás es otro de los efectos de las emociones de baja frecuencia vibracional. Cuando identificamos nuestros traumas y liberamos esa energía a través de la conciencia, la sanación y el perdón hacia nosotros mismos, podemos regresar a un estado natural de amor. Otro beneficio de la sanación es que empieza a fluir nuestra energía creativa, lo que activa la conexión con la abundancia de todo lo que experimentaremos en esta vida.

El plan de tu alma tiene en cuenta la energía que deben liberar las emociones reprimidas porque sabemos que, en cuanto nacemos, olvidamos su contenido. Cuando accedo a los Registros Akásicos de mis clientes, a menudo veo que los traumas inconscientes de la infancia de sus vidas pasadas son el mayor obstáculo para construir una vida feliz y próspera.

Judy tuvo que volver a empezar

Cuando me pidió que accediera a sus Registros Akásicos, Judy se encontraba en un momento decisivo de su vida. Después de haber estudiado durante más de diez años distintas modalidades de enseñanzas espirituales, tomó la decisión de dedicarse profesionalmente a la sanación. No obstante, al empezar a planificar su futuro, un ataque de inflamación hizo que se quedara inmovilizada. El miedo que le provocaba montar su propio negocio hizo que su cuerpo reaccionara de modo acorde. No es que Judy estuviera un poco asustada; sentía un miedo irracional, rayano en el terror. Y lo peor de todo es que no tenía la menor idea de por qué su reacción era tan visceral ni por qué su cuerpo enfermaba.

Mantuvimos una conversación telefónica durante la cual le preguntamos a sus Registros Akásicos cuál era el origen del terror que sentía. Éstos informaron que el terror era un desencadenante emocional directo de la persecución que había experimentado en sus vidas pasadas. Judy había sido encarcelada, torturada e incluso asesinada por contar la verdad y compartir sus dones con los demás. En muchas de sus otras vidas, Judy había sido una experimentada sanadora y partera con recursos de todo tipo: hierbas, remedios naturales, sanación energética… En alguna de sus vidas pasadas, sobre todo durante la época de la Santa Inquisición, había sido torturada y asesinada.

Su experiencia inmediata y visceral, aunque inconsciente, le provocaba recuerdos de esos traumas, dolor y tortura. Su cuerpo intentaba «salvarla» provocándole inflamación; de ese modo pretendía que dejara de moverse y no siguiera adelante con su proyecto. Sus vidas pasadas habían provocado en ella el miedo con el objetivo de que pudiera descubrir y sanar sus heridas emocionales. Sin embargo, su alma tenía un propósito más elevado que debía cumplir. Su alma sabía que Judy debía deshacerse de sus viejos traumas para permitir que una poderosa energía fluyera en su trabajo como sanadora.

Judy también tenía traumas infantiles que activaban sus recuerdos inconscientes y acentuaban su miedo. En su vida actual, sus padres eran fundamentalistas cristianos que creían que todo el mundo terminaba en el infierno a menos que hicieran un gran esfuerzo por limpiar sus pecados. Como resultado, Judy se pasó buena parte de su infancia rezando para que Dios perdonara sus pecados, pese a no saber muy bien cuáles eran exactamente. Le tenía demasiado miedo al infierno como para dejar de rezar.

Una infancia tan traumática como la suya puede desencadenar recuerdos inconscientes de vidas pasadas. En su caso, fue el desencadenante del terror que la dejó paralizada al plantearse la posibilidad de ayudar a los demás con sus dones de sanación energética, oración y sanación con imposición de manos.

La historia de Judy es una más de las muchas historias de clientes que han identificado los desencadenantes traumáticos que limitaban su felicidad y abundancia. Es importante destacar que, en todos los casos, la experiencia traumática formaba parte del plan de su alma.

El alma de Judy sabía que el mundo necesitaría desesperadamente sus dones de sanación para que la humanidad pudiera liberarse. Pero antes de que Judy pudiera ayudar al mundo con su trabajo, debía liberar la energía que bloqueaba su capacidad para expresarse.

Otra forma de interpretar el trauma en el plan del alma

Aunque en otras vidas Judy ya había sentido la necesidad de volver a utilizar sus dones, tenía demasiadas cicatrices emocionales de múltiples vidas pasadas en las que había experimentado dolor y muerte. Estos miedos le impedían acceder a las habilidades necesarias para montar un negocio de éxito donde atender a sus clientes. En esta ocasión, Judy tuvo que redescubrir sus talentos, además de recordar cómo se utilizaban, para superar todos los obstáculos que se interponían en su camino.

Al elaborar su plan del alma para esta vida, Judy decidió que nacería en una familia fundamentalista cristiana para que sus creencias desencadenaran los traumas de sus vidas pasadas, unos traumas que le provocaban su actual miedo a ser reconocida y decir la verdad. Estaba convencida de que, al enfrentarse a algunos de esos desafíos a una edad tan temprana, lograría superarlos cuando aún fuera joven, lo que le dejaría mucho tiempo para compartir sus dones con la humanidad.

Reclamar dones y talentos de vidas pasadas

Judy necesitaba limpiar sus vidas pasadas, pues estaban llenas de los traumas provocados por el dolor emocional y físico tras haber vivido el encarcelamiento, la tortura y la muerte, además del dolor emocional de haber crecido en el seno de una familia disfuncional. En su caso, utilicé una poderosa herramienta de sanación que aprendí de los Maestros de los Registros Akásicos denominada Recuperación del Alma Akásica™. Gracias a ella, pude ayudarla a recuperar partes de su alma que se habían fragmentado como consecuencia del trauma emocional. Después de eso, fuimos capaces de recuperar habilidades y talentos de sus numerosas vidas pasadas en las que había sido sanadora, curandera, chamana e incluso oráculo.

Judy sintió cómo la energía del trauma la abandonaba y salía de su cuerpo. Tras unas cuantas sesiones de Sanación Akásica, sintió cómo se alineaba con su trabajo de sanadora cualificada, abrió su propio negocio y explicó a todos sus conocidos el trabajo que realizaba.

Dolor emocional de la infancia

El trauma infantil es otro de los principales bloqueos energéticos que impide disponer de la libertad necesaria para construir la vida que nuestra alma desea para nosotros. El dolor emocional de haber crecido en una familia disfuncional suele olvidarse y suprimirse. Como nos resulta demasiado doloroso pensar en o lidiar con él, lo mantenemos oculto. Y en la edad adulta, nos olvidamos del dolor emocional y de los traumas que sufrimos durante la infancia. Si tuviste una infancia traumática, lo más probable es que hayas guardado bajo llave los recuerdos más dolorosos al suponer que ya no te afectaban. Incluso es posible que nunca hayas pensado en ellos y que ni siquiera recuerdes lo ocurrido.

En una ocasión trabajé con una clienta que sentía una gran ira y malestar hacia sus padres y que deseaba mejorar su relación con ellos. Felizmente casada y con dos hijos, no quería que la ira hacia sus padres afectara a sus hijos pequeños. Dado que deseaba descubrir la raíz de su malestar, interpelé a los Maestros de los Registros Akásicos sobre el origen de su ira y cómo eliminarla. Los Maestros me dijeron que la raíz de su trauma eran problemas de abandono de su vida actual y de seis vidas pasadas.

Cuando le conté lo que me habían dicho los Maestros, ella me explicó que su madre había muerto cuando ella sólo tenía dos años, pero que su tía se había casado con su padre y se había convertido en su nueva madre. Su enfado se originaba en el hecho de haber perdido a su madre a los dos años. Se había sentido triste, asustada y abandonada. Sin embargo, nadie, ni siquiera su padre, reconoció nunca la pérdida que había sufrido. Todo lo contrario, su nueva familia se comportó como si no hubiera pasado nada o todo estuviera bien. Decidieron no hablar nunca más de la muerte de su madre biológica.

Su familia creyó que lo mejor era no pensar más en la muerte de su madre, convencidos de que, si la ignoraban, la niña olvidaría su pérdida. Pero no fue así. Sus emociones empezaron a aflorar cuando tuvo a sus hijos. Su tía se había sentido obligada a entrar en la vida de su hermana fallecida para poder criar a la hija de ésta. La tía se sentía ignorada y abandonada porque creía que le habían negado la oportunidad de construirse una vida propia. Pese a que tanto la niña como la tía vivían experiencias similares, no se comunicaban entre ellas, y aquello había provocado la ira que ambas sentían.

Los Maestros de los Registros Akásicos se ofrecieron a eliminar los sentimientos bloqueados de dolor emocional, pérdida y abandono que la niña de dos años seguía sintiendo en su cuerpo de treinta y cinco. Pese a no estar obsesionada de forma consciente con el trauma infantil provocado por la pérdida de su madre y la llegada a su vida de su tía, se dio cuenta de que había reprimido todo el dolor y la pérdida para que no le hicieran daño. Sin embargo, ahora experimentaba las consecuencias en su vida, y el dolor se manifestaba en forma de ira.

Los Maestros de los Registros también le sugirieron que durante dos meses se concentrara en perdonarse a sí misma y a su familia. El perdón le ayudaría a limpiar el karma a través del tiempo y el espacio. Le recomendaron que escribiera un diario de gratitud. Gracias a estas sencillas técnicas, podría sanar su pasado, incluso todo lo que había sucedido antes de ese momento, es decir, el dolor de su infancia y los traumas de sus vidas pasadas.

Aunque el proceso de sanación se prolongaría unos meses, había iniciado el proceso consciente que la llevaría a liberar y sanar el dolor emocional bloqueado que le había provocado un trauma infantil. En la actualidad, continúa su proceso de sanación trabajando en sus propios Registros Akásicos. Disfrutó tanto con la terapia que al final decidió convertirse en mi alumna.

He incluido la *Oración del perdón* en el capítulo 4 porque son muchas las personas que deben trabajar en sus vidas algún aspecto relacionado con el perdón. Por favor, incorpóralo a tu lista de oraciones diarias. Puede que sea el momento de perdonar a alguien o a ti mismo por algún incidente de tu pasado. A veces debemos perdonarnos a nosotros mismos por menospreciarnos y considerar que no somos lo suficientemente inteligentes, guapos, sanos o ricos. En ocasiones podemos ser excesivamente exigentes con nosotros mismos. Por favor, perdónate a ti mismo.

EJERCICIO DE REFLEXIÓN

- En una escala del uno al diez, siendo el diez la puntuación más alta, ¿cómo valoras tu capacidad para recibir compasión y amor?
- ¿En qué parte de tu cuerpo sientes ira reprimida?
- ¿Estás listo para liberar la ira que sientes por otra persona o por ti mismo? Nombra a esas personas y la razón por la que estás enfadado con ellas o contigo mismo.

ORACIÓN PARA SOLTAR LA IRA REPRIMIDA

Madre, Padre, Diosa, Dios, libradme de la ira que siento, ya sea de ésta o de otra vida, ya sea hacia otra persona o hacia mí mismo.

Por favor, transformadla con el poder de vuestra amorosa alquimia.

Quemadla en el Fuego purificador de lo Divino o enviadla de vuelta al lugar de donde salió.

Por favor, ayudadme a superar las relaciones y circunstancias que la crearon para así poder descubrir mi auténtico propósito y poder en esta vida.

Dejo ir toda la ira de las profundidades de mi inconsciente y me adentro en la luz que emite la energía pura y cristalina.

La suelto con todo mi agradecimiento.

Que así sea. Bendito sea.

ORACIÓN PARA DESHACERNOS DE LAS VIBRACIONES DE BAJA FRECUENCIA

Madre, Padre, Diosa, Dios, me hago completamente presente en este instante para pediros que me ayudéis a deshacerme de toda vibración de baja frecuencia que pueda haber en mi cuerpo.

Agradezco la limpieza recibida en mis centros emocionales, chakras inferiores y corazón.

Aliviado, continúo avanzando.

Que así sea. Bendito sea.

ORACIÓN PARA RECIBIR ALTAS FRECUENCIAS VIBRACIONALES

Madre, Padre, Diosa, Dios, por favor ayudadme a alinearme desde la punta de los dedos de los pies, pasando por todo mi cuerpo y hasta la parte superior del chakra de la corona.

Por favor, conectadme energéticamente con el Creador/ Fuente y ayudadme a recibir las más altas frecuencias vibracionales que mi cuerpo pueda tolerar en este momento.

Por favor, ayudadme a integrar las frecuencias más altas con naturalidad y gracia.

Mi cuerpo acepta la sanación de altas frecuencias vibracionales, lo que provoca la estimulación de todas sus células.

Que así sea. Bendito sea.

En el próximo capítulo veremos cómo nuestro plan del alma puede verse afectado por la confusión.

CAPÍTULO 8

CONFUSIÓN
= DESALINEACIÓN

Muchos clientes acuden a mi consulta porque se sienten confusos al no tener muy claro si deben emprender un camino que les atrae. Algunos de ellos no están seguros de que sea el camino correcto. A veces, el miedo u otras influencias de nuestras vidas pasadas nos provocan un estado de confusión, y la mayoría de las veces ni siquiera sabemos de dónde proceden esos pensamientos o sentimientos. O recibimos demasiada información o no la suficiente para seguir avanzando. La confusión, que puede estar provocada por recuerdos inconscientes de nuestro pasado, hace que no podamos pensar adecuadamente ni tomar decisiones. Empezamos a darle demasiada importancia a nuestros miedos, lo que termina provocando parálisis. La respuesta lógica no siempre tiene sentido desde un punto de vista espiritual porque el alma no funciona de forma lógica sino basándose en su propia sabiduría.

Son muchos los clientes que me han hecho la gran pregunta durante una consulta akásica: «¿Cuál es mi propósito vital?» o «¿He cumplido con mi propósito?». A pesar de haberse convertido en uno de los temas más debatidos en los círculos espirituales desde hace bastante tiempo, la idea según la cual cada persona tiene un propósito en la vida es engañosa. Se trata de una idea confusa, pues son muy pocas las personas que han recibido formación en el tema o que entienden qué significa realmente el propósito del alma. Con frecuencia, se sienten perdidos; aún no han encontrado su «propósito» y no saben cuál podría ser.

La preocupación que sienten por esta situación hace que se planteen preguntas como éstas:

«¿Y si tomo la decisión equivocada y me arruino?».

«¿Y si dejo mi trabajo y después descubro que no tengo la cualificación necesaria?».

«¿Y si no hago caso a mi intuición? En ese caso, ¿tendré que pagar karma?».

La mente humana no tiene límites a la hora de encontrar razones para no seguir nuestros sueños y nuestra guía interior. Mis clientes a veces llaman a su confusión «el abismo» porque tienen la sensación de que nunca encontrarán una salida. Se sienten abrumados, lo que conduce a la duda, la parálisis y la imposibilidad de seguir avanzando. El agobio es un camino de una única dirección que conduce a la carencia, la confusión y el miedo.

¿La confusión y la duda puede provocar la desalineación con tu plan del alma?

Este estado puede causar una desalineación con el deseo de nuestra alma por mantenerse fiel a su plan. La mayoría de las personas viven su vida en función de protocolos tácitos y no tácitos basados en normas sociales y expectativas que heredan de sus padres. Sin embargo, a medida que nos hacemos mayores, sentimos que algo no está alineado, y esto empieza a hacerse patente en diversos aspectos de nuestra vida y nuestro cuerpo. La vida nos resulta agotadora y a menudo acabamos consumidos y tristes.

Entonces nos dejamos llevar por las expectativas de la sociedad, las cuales vibran a baja frecuencia, en lugar de seguir nuestra guía interior. Nos dejamos llevar por nuestros pensamientos y hacemos oídos sordos a nuestros sentimientos. A medida que pasa el tiempo, nuestro espíritu empieza a rebelarse. Esto puede manifestarse o bien en forma de dolor físico o molestia o bien como una llamada de atención más importante. El alma puede intentar sacarnos de nuestro aturdimiento mediante enfermedades graves, accidentes, haciendo que nos despidan de un trabajo que nos aburre o forzándonos a poner fin a una relación.

Tu alma no quiere que sufras daño por seguir su plan. Todo lo contrario, desea que te sientas apoyado durante el viaje. Tu alma sabe sin lugar a duda que encontrarás el camino que lleva a dejar atrás la confusión y la desalineación, la senda que te permitirá descubrir y explorar todo tu potencial. Para sentirte mejor no es suficiente con poner fin a algunas relaciones, volverse insensible o dejar el trabajo. De vez en cuando, el viaje de tu alma tendrá desvíos y bifurcaciones. Todo forma parte del proceso vital.

La vida es un viaje. El camino sinuoso que recorremos es parte integral del plan. Aunque podamos creer que se trata de un error, en realidad no lo es.

Muchas personas ocultan el aburrimiento y el descontento

Tenemos a nuestra disposición innumerables formas de distraernos: las compras compulsivas u a otros comportamientos adictivos como el alcohol, las drogas, la comida o el sexo.

Les pregunté a los Maestros de los Registros Akásicos si estas distracciones creaban más patrones kármicos. Ésta fue su respuesta:

> *Una vez comprendes de forma consciente que te has perdido en el camino, puedes volver a alinearte con el plan de tu alma. Éste es uno de los principales motivos por los que la gente busca formas de acceder a sus Registros Akásicos. Desean comprender dónde están, qué pensamiento está alineado con el plan de su alma y qué pasos pueden dar para continuar avanzando. Recuerda que tu alma quiere que tengas éxito y que no sufras durante el camino que lleva al cumplimiento de tu plan.*

La historia de Sarah

Sarah, una de mis clientas, trabaja en el sector tecnológico y, dada su gran capacidad para transmitir información de una forma amena, desde el principio estaba convencida de poder provocar un gran impacto en los demás. Sin embargo, la confusión empezó a hacer mella en ella al ver que las personas próximas no terminaban de aceptar los conocimientos que deseaba transmitirles. Como resultado de ello, la desconfianza en sí misma inhibió su capacidad de seguir avanzando con confianza.

A pesar del éxito profesional que estaba cosechando como ejecutiva en una empresa tecnológica, Sarah quería dejar su trabajo para poder satisfacer el anhelo de su alma: compartir las enseñanzas que había ido aprendiendo durante su viaje de auto-descubrimiento. Por desgracia, aunque sabía lo que quería hacer, no terminaba de dar con el lugar desde el que seguir explorando el plan de su alma. Cada vez que intentaba algo nuevo, sus talentos no terminaban de encajar. Finalmente, confundida sobre si estaba siguiendo el camino de su alma, Sarah me pidió una cita para recibir la orientación de sus Maestros Akásicos.

Sus primeras preguntas estaban llenas de dudas; no estaba segura de si debía compartir el conocimiento que había estado recibiendo. Los Maestros de los Registros Akásicos le dijeron que estaba siguiendo su camino pero que debía hacer unos cuantos ajustes para alinearse mejor con el propósito de su vida y el plan de su alma. Además, le revelaron que en sus vidas anteriores había sido una persona muy poderosa y que la gente había escuchado lo que tenía que decirles.

Le explicaron que lo único que debía hacer era ampliar su mensaje para que más gente pudiera reconocer el valor de las lecciones individuales y la sabiduría que tenía que ofrecer. Los Maestros de los Registros también le dijeron que era importante que viera su actual trabajo como un lugar donde incubar las ideas hasta que éstas estuvieran lo suficientemente maduras. Le pidieron que considerara su empleo actual como una forma de lograr ingresos y sentirse segura. Si dejaba su trabajo y el dinero empezaba a escasear, la confusión resultante podía frenar sus progresos.

Al trabajar en sus dudas y restricciones, Sarah sintió una inmediata liberación de la energía que le estaba provocando la confusión. Finalmente, comprendió que el motivo por el cual las personas de su entorno no la aceptaban, no se debía a que rechazaran sus ideas, sino a que su mensaje necesitaba unos retoques para hacerlo más accesible.

Según los Maestros de los Registros Akásicos, el alma de Sarah había elegido su trabajo, donde utilizaba algunas de sus mejores capacidades técnicas y de comunicación, como un medio para obtener el dinero necesario mientras seguía avanzando y perfeccionando sus talentos y sus enseñanzas espirituales.

Tu trabajo actual puede ser exactamente lo que tu alma necesita

Muchos trabajadores de la luz creen que no están alineados con el camino de su alma si trabajan para una empresa. Sin embargo, en la mayoría de los casos eso no es así. Puedes estar trabajando en puestos técnicos, como ingeniero, directivo, empleado de banco o abogado, y ése podría ser el lugar perfecto para que tu alma crezca y ayude a la humanidad. Estás en ese trabajo para mantener una frecuencia vibracional más elevada en todos aquellos que te rodean o para ayudar a que las personas que trabajan en el mundo empresarial adquieran una conciencia plena.

Cuando la gente se encuentra en una encrucijada, ya sea por culpa de un divorcio o porque acaban de jubilarse, quieren cambiar de trabajo o están valorando la posibilidad de mudarse a una nueva ciudad, acceder a sus Registros Akásicos puede ser el camino más directo a la claridad. Como dijimos ya en el capítulo 5, todo el mundo tiene más de un propósito, y no siempre está relacionado con el mundo laboral. Algunas personas encuentran la forma de aplicar sus talentos en una carrera profesional o negocio, pero la gran mayoría no lo hace.

Muchas personas nunca alcanzan la claridad necesaria para tomar nuevas decisiones con dirección y propósito. Eso es algo que siempre me ha parecido triste, porque el alma tiene un plan para ayudarnos. Considéralo como el sistema GPS al que debemos acceder y utilizar si no queremos pasar ni un minuto más en estado de confusión o incertidumbre.

Supongamos que terminas compartiendo tus dones, pero la experiencia no es exactamente como habías imaginado. La confusión puede aparecer cuando algo no cumple nuestras expectativas. Expande tu sentido del yo e imagina nuevas posibilidades que no habías imaginado antes. Es posible que estés aquí en este momento para ayudar en la sanación del planeta. Muchas almas ancestrales que viven actualmente en la Tierra han hecho contratos del alma con la Madre Tierra, también conocida como Gaia. Aunque suele creerse que la Tierra es un lugar, en realidad es un ser sensible. La Tierra no es sólo una masa de roca, tierra y agua…, también tiene conciencia.

Los propósitos del alma tienen muchos caminos

Mucho antes de nacer, muchos trabajadores de la luz se unieron como almas para venir a la Tierra. Querían colaborar en la sanación de Gaia, lo que también implica participar en el despertar de la humanidad para que deje de contaminar y envenenar nuestro hogar. Éste es un profundo propósito del alma. Sin embargo, al tratarse de una responsabilidad tan seria y compleja, muchos trabajadores de la luz están confundidos al no saber cómo pueden sanar a Gaia si sólo son un alma. Los planes del alma funcionan de millones de maneras distintas.

Digamos que has decidido trabajar en el sector de la ecología porque te gusta estar en contacto con la naturaleza. ¿Cómo sería tu plan del alma? Podrías llegar a ser consultor medioambiental, científico o guardabosques. Otra opción, y existen muchas, podría ser la de trabajar con las comunidades para construir centros de reciclaje. O podrías empezar a reciclar en el colegio de tus hijos o montar un negocio de venta de productos reciclados para recaudar fondos. O unirte a un grupo que se dedica a limpiar las playas de tu localidad varias veces al año.

La mayoría de los contratos del alma vinculados a tu propósito pueden ser más sencillos y menos exigentes, convertirse en un pasatiempo o tal vez en una carrera profesional a tiempo completo. Pero, aunque fueras guardabosques o científico, lo más probable es que ignoraras que eso formaba parte del plan de tu alma; seguramente pensaras que se trata de un trabajo interesante porque te gusta la naturaleza y trabajar al aire libre.

Algunas personas se sienten atraídas por tareas que creen que les quedan demasiado grandes, y por eso terminan sintiéndose abrumados. Por ejemplo, mucha gente siente el impulso de hacerse sanador, publicar un libro, enseñar técnicas de autoempoderamiento y modalidades espirituales o inventar algo que ayude a la humanidad.

Mientras trabajo en este libro, los Maestros de los Registros Akásicos me recuerdan la historia de una clienta terapeuta que deseaba convertirse en sanadora. Sin embargo, sentía que su profesión no estaba alineaba con el propósito de su alma.

El mensaje de los Maestros de sus Registros Akásicos fue el siguiente:

Ya eres una sanadora. Con el tiempo aprenderás más modalidades energéticas, pero tu trabajo actual ayuda y sana a mucha gente. Siente la verdad y la sanación del trabajo que estás realizando. Siente la conexión energética con el alma de tus clientes mientras les ayudas a corregir los problemas a los que se enfrentaban cuando acudieron a ti por primera vez. Puedes profundizar tus estudios en los aspectos que más te interesan de las artes curativas. Cuando estés preparada, lo sabrás.

Los Maestros Akásicos nos recuerdan que:

Eres infinito y sabio. Si un camino le habla a tu corazón es que forma parte de tu propósito, no importa lo inusual o imposible que pueda parecerte.

Recuerda que, cuando estás confundido, puedes tomar decisiones precipitadas que no están alineadas con tu propósito superior. No te lances a lo primero que te llame la atención. Independientemente de lo que sea, un nuevo trabajo, una clase o un viaje a un lugar sagrado, si estás desalineado, nunca terminarás de acertar, lo que te provocará aún más confusión y frustración. Puede que te distraigas con la ira o que sientas que has fracasado.

Cuando estás en «Modo Búsqueda» es muy fácil malinterpretar las situaciones. Buscas con tanto ahínco que olvidas que debes respirar y dejar que se despliegue el plan de tu alma. El estrés y la ansiedad que provoca empezar algo nuevo y que no funcione puede hacer que sientas que no lo mereces. Puede que pienses: «Lo he intentado y he fracasado; eso no es para mí». Pero no debes rendirte, pues eres un alma que está aprendiendo a alinearse con el propósito y el plan de su alma. Formas una unidad con la energía divina de la Fuente. Eres un tesoro para la humanidad.

¿Por qué nos enfrentamos a desafíos?

La desalineación puede manifestarse de muchas formas distintas. Tal vez tengas problemas con tus nuevos compañeros de trabajo o te hayas dado cuenta de que no terminas de resonar con el curso que acabas de empezar. Cuando la desalineación alcanza niveles extremos, podemos llegar a enfermar o no acudir a todas las citas que tenemos programadas. Todas estas señales pueden interpretarse como muestras de una falta de alineación.

Si nos lanzamos al vacío sin antes comprobar cómo nos sentimos realmente, es posible que tropecemos y nos hagamos daño. Una práctica muy poderosa al empezar algo nuevo consiste en preguntarle a tu sabiduría y espíritu interior si el paso que estás a punto de dar está alineado con lo que desea tu alma y tu corazón. Un tropiezo no tiene nada de malo; puede ayudarnos a crecer, aprender una nueva lección y hacernos más sabios. Porque tú deseas aprender. O un paso en falso puede ser parte de un patrón kármico que has llegado a comprender y liberar. Todas estas experiencias pueden formar parte del plan de tu alma.

Podemos aprender a cometer menos errores, pero no debemos temerlos porque son experiencias de aprendizaje. Aprende a escuchar los consejos de tu corazón, pero no te preocupes demasiado si cometes algún error. Todos los desafíos pueden transformarse en algo positivo cuando forman parte del crecimiento espiritual.

EJERCICIO DE REFLEXIÓN

- ¿A qué desafío has tenido que enfrentarte últimamente?
- ¿Cuándo reparaste en él por primera vez?
- ¿Cuáles son tus distracciones habituales? ¿De qué modo te impiden alcanzar el éxito?

ORACIÓN PARA DESCUBRIR LO DESCONOCIDO

Madre, Padre, Diosa, Dios, mientras mi corazón se expande antes de abrir una nueva puerta, os pido que me ayudéis también a expandir mi mente para descubrir las preguntas que jamás me he planteado.

Ayudadme a darme cuenta de lo que es esencial y valioso para mí en estos momentos.

Que así sea. Bendito sea.

ORACIÓN DE ALINEAMIENTO

Madre, Padre, Diosa, Dios, por favor, mostradme qué se siente al alcanzar mi nivel más Elevado, Brillante, Expansivo y Alineado posible.

Por favor, abrid mi corazón para conocer la verdad de mi divinidad y permitidme recibir todo lo bueno tanto por dentro como por fuera.

Por favor, guiadme en mis próximos pasos para ser abundante en todos los sentidos, con paz y gracia.

Que así sea. Bendito sea.

Ahora que ya sabes que la duda y la confusión suelen provocar desalineación, ha llegado el momento de sumergirnos en la recuperación de los talentos de tus vidas pasadas.

CAPÍTULO 9

IDEAS = PLAN DEL ALMA

Cada vez que tu alma decide volver a la Tierra, escribes un plan basado en tus vidas pasadas que aún tienen karma y contratos que te gustaría completar. También reúnes los talentos y la preparación acumulada durante tus vidas anteriores y un conjunto de habilidades que has ido perfeccionado para esta vida. Tu objetivo consiste en redescubrir tus talentos para poder cumplir con tus diversos propósitos vitales.

Aunque reconocer los propósitos vitales me parece una tarea mucho más compleja que redescubrir los talentos y dones, reclamar esos dones es parte integral del proceso que lleva al autodescubrimiento y la plenitud. Aunque a veces tomamos desvíos en el camino que pueden alargar el viaje, eso forma parte de la diversión y del reto de venir a la Tierra para crecer como alma.

El propósito de tu alma también consiste en completar patrones kármicos que te impiden conectar con tus pasiones. Cuando nos damos cuenta de que las dificultades no son un castigo, sino que nacen del deseo de nuestra alma por desarrollarse, podemos replantearlas para hacerlas más llevaderas. A medida que accedemos al proceso creativo que convierte nuestros sueños en realidad, nos movemos cada más rápido a través de la energía bloqueada.

El propósito del plan es ayudarnos a evocar un recuerdo que incite nuestra curiosidad por descubrir nuestra auténtica naturaleza de alma divina. Por eso podemos soñar con cosas mucho mayores de las que creemos que podemos lograr. El plan del alma nos empuja hacia una versión más fantástica de nosotros mismos, insuflándonos la pasión por perseguir nuestros sueños.

Comunicándote con los seres de luz de tus Registros Akásicos

El trabajo que realizo con mis clientes en los Registros Akásicos les ayuda a obtener el conocimiento y los trucos necesarios para saber con certeza que ésta es la dirección que deben tomar. Gracias a la orientación espiritual obtenida a través de la información suministrada por los Maestros Akásicos, una información a la que antes no podías acceder, ahora podrás tomar decisiones informadas. Tu alma conoce la verdad.

Uno de los mayores retos del mundo físico es descubrir aquello que es inconsciente y convertirlo en consciente. Puede que a veces hayas tenido la intuición de que ibas en la dirección correcta, o simplemente sabías que debías tomar determinado camino. Los Maestros de los Registros Akásicos abren la puerta a unos conocimientos que no sabías que tenías. La decisión final depende de ti; sin embargo, al tomar un camino también aceptas las dificultades que conlleva.

Las ideas persistentes salen del plan de tu alma

Steven acudió a mí porque no podía quitarse de la cabeza una idea para un producto que podía ayudar a mejorar la vida de muchas personas. Se trataba de algo completamente nuevo, un poco arriesgado, ya que hasta el momento no se había inventado nada parecido. Pese a estar satisfecho con su carrera y llevar más de diez años trabajando con éxito como ingeniero, no podía olvidarse de aquella idea que le rondaba la cabeza desde hacía meses. Con el tiempo, supo que necesitaba consultar a su conciencia superior, su alma, para saber qué debía hacer. La idea le motivaba, pero sus miedos le hacían cuestionarse si debía seguir adelante.

Al no haber inventado nada antes, Steven no creía tener la cualificación necesaria para crear el producto. Sin embargo, al trabajar en sus Registros Akásicos, descubrió que en tres vidas anteriores había sido diseñador creativo e inventor. Las vidas en cuestión eran muy distintas entre sí y se remontaban a cientos e incluso miles de años atrás. En una de esas vidas había sido el inventor de la primera rueda hidráulica, en el año 40 a.C., y ese conocimiento le había ayudado en otras vidas posteriores. En otra vida, había intentado mejorar el reloj mecánico y, en otra más, en el siglo XIX, había formado parte de un equipo de ingenieros en el proyecto del telégrafo. Toda esta información resultó fundamental para que Steven decidiera seguir adelante con sus ideas para un nuevo invento.

Tu Registro Akásico es una inmensa biblioteca

Imagina tu propia Biblioteca del Congreso, pero multiplicada miles de veces. Así de extensa es tu Biblioteca Akásica. Puedes acceder a la información que contiene siempre que necesites claridad o deshacerte de viejos patrones kármicos, cuando quieras descubrir el origen de los patrones que te limitan o sepas que ha llegado el momento de reclamar tus capacidades, talentos y conocimientos acumulados en tus otras vidas. El plan de tu alma desea que tengas éxito. Depende de ti decidir cómo quieres acceder a la información y cuánto tiempo quieres seguir en un estado de confusión sobre cuáles serán tus próximos pasos.

Según los Maestros de los Registros Akásicos, algunas almas aún arrastran traumas de la Inquisición, y el horror que tuvieron que vivir está bien documentado. Durante 500 años, muchas mujeres, y algunos hombres, con destrezas, talentos y dones curativos fueron acusadas de brujería. Las que tuvieron suerte, acabaron en la horca, y las demás corrieron peor suerte. Tanto el dolor físico como el trauma emocional dejaron una cicatriz duradera en sus almas que resurge en forma de miedo o dolor emocional en otras vidas. Esto puede hacer que creas que no es seguro llamar la atención y que lleves una vida más recluida en lugar de seguir el plan de tu alma y sacar provecho de todas tus potencialidades.

Debido a que tu alma es muy antigua, lo más probable es que hayas superpuesto los traumas de vidas pasadas con los desafíos emocionales o físicos de tu vida actual. En tanto almas ancestrales, sabemos que a veces necesitamos retos o traumas que nos ayuden a entender y recordar más cosas acerca de nuestra naturaleza de almas infinitas. Deseamos sanar el dolor emocional y el trauma porque detrás de ese dolor suele haber un don. Puede ser un talento o la nueva alineación que buscabas para poder seguir adelante y crear tu propio negocio. O podría ser el don que te permita completar finalmente un patrón kármico con el que llevas peleándote durante más de quince vidas.

El trauma puede provocar que nos sintamos desvinculados de la vida

A menudo veo otro inconveniente más sutil en los Registros Akásicos, una de las razones por las que no terminamos de sentirnos completos o capaces de asumir aquel aspecto de nuestro plan del alma que nuestra alma desea expresar. Tenemos miedo de seguir nuestra visión, sea cual sea ésta: convertirnos en inventores, escribir un libro o montar un negocio.

Cuando padecemos un trauma físico y emocional importante, el alma puede astillarse o dejar un fragmento atrás. Perdemos un trozo de nuestra alma, que se separa de nuestra esencia para permitirnos sobrevivir a la experiencia evitando la peor parte del impacto. La disociación es uno de los síntomas más comunes del trauma, un síntoma que incluye no habitar plenamente nuestro propio cuerpo y no vivir la vida con plenitud. Otros síntomas pueden ser éstos:

- Depresión
- Tendencias suicidas
- Síndrome de estrés postraumático
- Problemas de inmunodeficiencia
- Duelo que no termina de curarse
- Adicciones

En el pasado, para estos casos solía recurrirse a la Recuperación del Alma. Este tipo de sanación, normalmente con la guía de un chamán experimentado, consistía en traer de vuelta los trozos perdidos del alma. Para empezar, el chamán alcanzaba un estado alterado de la conciencia para entrar en la dimensión no visible del espíritu y encontrar el fragmento de alma. A continuación, abordaba el problema que había provocado la escisión del alma y después traía el fragmento de vuelta a este plano para que pudiera reunirse con su alma original.

Algunos hipnoterapeutas modernos se especializan en una forma específica de recuperación del alma. El cliente es hipnotizado y viaja atrás en el tiempo para revivir el trauma y sanar el dolor, recuperando de ese modo el fragmento de alma.

Si se lo permites, los Maestros Akásicos te guiarán en una sesión de sanación akásica para que puedas deshacerte de viejos miedos y traumas. También pueden recuperar astillas y fragmentos perdidos de alma tanto de tu vida actual como de vidas anteriores. Al recuperar los fragmentos de alma, si ésa es nuestra intención, también recuperamos nuestros talentos únicos.

Cuando liberamos bloqueos enmarañados de vidas pasadas podemos experimentar una especie de descarga energética. Se trata del amor incondicional en acción. Es todo un privilegio poder colaborar con los Maestros Akásicos para sanar a aquellos que buscan recuperar su sabiduría, dones, fragmentos de alma y herramientas de empoderamiento de vidas pasadas.

Este libro es una manifestación física de cómo los Maestros de los Registros Akásicos y yo cooperamos para permitir que muchas personas puedan identificar y recuperar sus dones, sabiduría y capacidades.

EJERCICIO DE REFLEXIÓN

- ¿Qué ideas te han llegado a través de sueños o la intuición?
- ¿Algunos de estos sueños te parecen demasiado ambiciosos?
- ¿Qué o quién te impide seguir avanzando?

ORACIÓN PARA LIBERARSE DE UNA ILUSIÓN

Madre, Padre, Diosa, Dios, por favor, abrid mi corazón y conectadme a universos multidimensionales.

Ayudadme a recordar que esta vida es sólo una más en el océano de vidas en la Tierra y otros lugares.

Soy un Alma Infinita, y me libero de la ilusión de ser sólo un humano pequeño y temeroso.

Acepto la realidad superior de quién y qué soy realmente.

Que así sea. Bendito sea.

ORACIÓN DE AUTOCONFIANZA

Madre, Padre, Diosa, Dios, despierto al recuerdo de mi naturaleza como alma ancestral.

Sé que con este recuerdo puedo confiar en mí mismo y en mi guía interior.

Soy un Alma Divina con una experiencia humana positiva.

Que así sea. Bendito sea.

Madre, Padre, Diosa, Dios, en este momento me conecto a ti mientras recuerdo la fortaleza de la que estoy hecho.

Por favor, ayudadme a seguir el camino de mi alma, a hacer lo que mi alma ha venido a hacer, incluso si aún no soy consciente de ese camino.

Doy gracias por la fortaleza que siento ahora en mi interior.

Me siento bendecido y lleno de gratitud.

En el próximo capítulo, veremos cómo podemos crear más abundancia en nuestras vidas.

CAPÍTULO 10

DONES COLECTIVOS = ABUNDANCIA

El alma desea florecer en esta vida. Por muy complejo y difícil que sea el plan de tu alma, tu alma sabe que estás capacitado. Eres infinito y eterno. Sin embargo, eso no mitiga el hecho de que la mayor parte de la humanidad viva en condiciones infrahumanas, con numerosos traumas y altos niveles de dolor físico y emocional. ¡Pero los Maestros Akásicos nos aseguran que hemos elegido venir a la Tierra para superarnos!

Eres muy antiguo, has vivido miles de vidas, no sólo aquí, en la Tierra, sino en muchos otros planos y dimensiones. Eso significa que has dispuesto de múltiples oportunidades para aprender y perfeccionar tus talentos y dones, así como para experimentar diversos niveles de vida.

Puede que las circunstancias te hayan llevado a descubrir tu propósito interior o a crear más abundancia en esta vida. O tal vez estés utilizando tus dones y habilidades, mientras disfrutas del dinero y los amigos, pero tengas problemas de salud. Incluso si tienes dinero, la abundancia puede seguir siendo un desafío, y no de la forma en que la mayoría de la gente cree. Nos han enseñado a establecer una relación directa entre abundancia y dinero.

Ser abundante en *todos* los aspectos de la vida, entre ellos la salud, la vitalidad, el amor, la alegría, la paz y la riqueza, forma parte del propósito único de todas las almas. Cuando superamos un obstáculo, recibimos un gran regalo en forma de aprendizaje, percepción y crecimiento que puede aumentar nuestra sensación de abundancia. Después puedes compartir la sabiduría que has adquirido con las personas que te rodean. Uno de los propósitos esenciales de nuestra alma es compartir el conocimiento.

Puedes tomar la decisión de enseñar, escribir o hablar sobre tu propio viaje de una forma más pública. O puedes hacerlo privadamente, compartiéndolo con tus hijos, amigos y familiares. También compartimos la sabiduría que vamos aprendiendo con otras almas de este universo y de otras dimensiones.

Tu alma desea liberarse de los patrones kármicos para así poder recibir la auténtica abundancia reclamando los dones colectivos que ha acumulado a lo largo de sus numerosas vidas. Ésa es la razón por la que cada plan del alma dispone de varias opciones, por si acaso no reconocemos las pistas y señales intuitivas que nos impulsan a actuar.

¿Por qué nos limitamos a nosotros mismos?

En tanto almas ancestrales, sabemos que no necesitamos limitarnos a nosotros mismos, ya que la abundancia del universo es infinita, igual que lo somos nosotros. La abundancia o carencia que experimentamos en nuestras vidas a menudo depende de las elecciones inconscientes y la inacción. Si se abre una puerta y no cruzamos por ella, lo más probable es que vuelca a cerrarse. La dilación y la indecisión son dos de los mayores obstáculos para una mayor abundancia, aunque existen muchas otras capas.

Éstos son algunos de los niveles y capas de información que surgen durante las sesiones de sanación akásica con mis clientes:

Creencias de la infancia que a menudo son inconscientes. Algunas tienen su origen en el modo en que los padres hablan a sus hijos: «No podemos permitirnos eso», «Eso es tirar el dinero» o «¡No te lo mereces!».

Traumas infantiles, abusos y dolor emocional que hacen que sintamos que nos merecemos lo que nos pasa. Esto puede manifestarse como autosabotaje o procrastinación.

Seguir el camino de otra persona: tener la sensación de que debemos elegir una carrera en concreto pese a que no es lo que realmente queremos hacer. Esto refleja la incapacidad de poner límites o impedir que los deseos de los demás determinen nuestras decisiones.

Patrones ancestrales innatos o aprendidos. Las historias de dificultades y carencias incluyen mensajes como éste: «Debes trabajar muy duro sólo para sobrevivir». Lo que podría considerarse una incitación a trabajar en exceso por un sueldo bajo. Ser ignorado continuamente en los procesos de promoción profesional está relacionado con patrones ancestrales y de baja autoestima.

Vidas anteriores de pobreza y muerte prematura que afectan a la capacidad de reconocer nuestra abundancia interior en esta vida.

Votos de pobreza o de no merecimiento en vidas anteriores. Podemos haber jurado que «nunca seremos ricos» porque en una vida pasada fuimos asesinados por culpa de nuestra riqueza. Esto puede provocar un bloqueo en nuestra capacidad de acoger la abundancia en todos los ámbitos de nuestra vida actual.

Contratos del alma: tenemos una variedad de contratos del alma, tanto individuales como colectivos, que pueden conllevar algún tipo de falta de abundancia. Algunos de estos contratos pueden ser con personas de nuestra vida actual, y otros pueden ser contratos de vidas anteriores que se han quedado atrapados fuera del tiempo y el espacio.

Definamos qué es abundancia

Uno de los mayores errores que cometemos con el dinero es perpetuar una definición de abundancia demasiado limitada, incluyendo lo que la abundancia significaba para nosotros en vidas anteriores. La abundancia no se reduce a dólares, centavos o posesiones materiales; a veces encarnamos para poder experimentar la salud, el amor o la creatividad.

Nuestro planeta ofrece abundantes oportunidades de aprender, experimentar y compartir nuestros dones, pero también para cosechar beneficios económicos con ellos. Cuando sentimos algún tipo de carencia, la naturaleza nos ofrece múltiples ejemplos de extrema abundancia. Basta con adentrarse en la naturaleza para experimentar su belleza y sus milagros. Fíjate si no en los miles de hojas que tienen los árboles o en los millones de briznas de hierba que forman el césped. Son incontables en su abundancia. La gran variedad de pájaros y flores, con su multitud de colores y diseños, nos ofrece una lente privilegiada para observar la opulencia desde la concepción que el alma tiene de la abundancia y el modo en que llena nuestras vidas.

Si deseas hacer realidad tus sueños y sacar provecho a los desarrollados talentos de tus vidas anteriores, debes confiar en tu alma. Su plan, pensado para tu vida actual, quiere ayudarte a que te sientas completo, es decir, a vivir en abundancia. Esto es así aunque actualmente tengas dificultades para ganarte la vida, perdonar las ofensas o encontrar a la persona ideal que te apoye y enriquezca tu vida.

Por desgracia, muchas personas llegan a un punto en el que, pese a estar preparadas para aceptar la abundancia, se sienten estancadas. A menudo, el problema es que no confían lo suficiente en sí mismas para participar de las observaciones que han estado recibiendo de su alma.

Tómate un momento para reconocer que eres un alma ancestral que ha vivido innumerables vidas, unas vidas llenas de dones y experiencias colectivas, y que eres un ser completo y abundante. ¿Qué sientes ahora?

Es mucho más fácil saber que no todo lo que piensas o sientes acerca de tu situación actual es verdad; puede que ni siquiera sea necesario para el plan del alma. A menudo, definimos nuestras experiencias basándonos en el pasado. Por eso, liberar la energía bloqueada nos proporciona una perspectiva más amplia. La mayoría de nuestros pensamientos y sentimientos están, de algún modo, ligados a nuestro pasado, ya sea a vidas pasadas o a los primeros años de nuestra vida actual. Acceder a los Registros Akásicos nos proporciona claridad y una mayor comprensión del camino recorrido hasta el momento. El pensamiento se transforma y somos capaces de realinearnos con nuestro propósito.

Alinearse con el propósito de tu alma

Cuando te alineas con el propósito de tu alma, tu vida fluye con información y oportunidades desconocidas hasta entonces. Puede que estuvieran ahí pero no tenías la conciencia necesaria para reconocerlas. Me gusta compararlo con el hecho de entrar en una habitación en la que has estado muchas veces y reparar en un cuadro en el que nunca te habías fijado. Crees que es nuevo, pero siempre había estado ahí. Tu conciencia se expande y te permite ver algo que había estado presente todo el tiempo.

Eso es lo que ocurre cuando te alineas con el plan de tu alma. Empiezas a descubrir y utilizar tus talentos y dones colectivos. Es posible que aún no tengas claro el camino que debes seguir, pero, de repente, eres capaz de ver claramente cuáles serán tus siguientes pasos. Tanto tú como tu propósito sois únicos. La forma que finalmente adopte será distinta a la de cualquier otra persona.

La razón por la estamos aquí está en el plan de nuestra alma. Al principio, puede parecer que está escrito en una lengua que no conoces; sin embargo, con persistencia y práctica espiritual, cada vez te resultará más fácil comprenderlo. Y cuando lo entiendas, te alinearás con la sabiduría superior, lo que te permitirá descubrir, aprender a confiar y disfrutar de tus talentos y dones.

Ganar dinero y el camino de tu alma

El plan de tu alma está lleno de oportunidades para crecer, aprender y ayudar a los demás a través de los dones de tu alma. El dinero es un sistema de intercambio inventado por el ser humano. Si tener dinero o no tenerlo te ayuda a identificar y transformar viejos patrones y votos, entonces puede convertirse en un eje central de tu vida.

Los Maestros Akásicos suelen compartir esta enseñanza con mis clientes:

Los problemas financieros son escollos que te impiden recono-
cer, sin lugar a duda, aunque todavía no seas consciente de ello,
que ya dispones de la capacidad para alcanzar la grandeza.

El factor más importante consiste en aceptar lo que suelen
considerarse defectos y virtudes. Enfréntate a tus miedos para
recordar tu naturaleza de creador. No deberías tenerle miedo a
muchas de las cosas que temen los humanos. Tu alma sabe que
al final alcanzarás el éxito, en esta o en otra vida. Lo que temes
es no llegar a consumar el plan de tu alma. Todos los demás
miedos son insignificantes comparados con el que acabamos de
mencionar.

El miedo no es más que un malentendido

El miedo es una herramienta que nos aleja de los dones colectivos y la abundancia necesaria para alcanzar nuestro propósito. Me gusta considerar el miedo como un malentendido o una
definición limitada de una experiencia porque, como he mencionado antes, a menudo está basado en experiencias pasadas,
tanto de esta vida como de otras. Ha llegado el momento de re-
definir dichas experiencias liberándote conscientemente de ellas
y prestando atención a tus sentimientos sin que el miedo te pa-
ralice.

Empieza por deshacerte lentamente de los miedos que te
impiden ganar más dinero o tener el trabajo o el negocio de tus
sueños. Los miedos suelen estar estratificados. Empieza por el
más obvio y trabaja por capas. Si eres como mis clientes, es
posible que desees recibir ayuda para despejar la energía bloqueada y poder avanzar con mayor rapidez. Por eso es una bendición disponer de tus propios Registros Akásicos y Maestros
de los Registros para agilizar el proceso.

Después de trabajar con sus Maestros Akásicos para liberar antiguos bloqueos, la mayoría de mis clientes dicen sentirse más despiertos y respaldados a la hora de tomar sus siguientes decisiones. Puede que, por ejemplo, te pongas a buscar un nuevo trabajo porque has llegado a la conclusión de que tu actual trabajo no está bien remunerado. O que pierdas el miedo a morirte de hambre si no cuentas con la seguridad de un sueldo fijo. Se trata de un miedo muy común cuyo origen suele estar en otras vidas en las que, literalmente, te moriste de hambre por culpa de una hambruna o por la falta de trabajo. Cuanto más perseveremos con el concepto de la abundancia del alma, más lograremos interiorizarlo y penetrar en el nivel personal donde se ocultan las diversas capas de nuestros miedos.

Existe mucha confusión en torno al dinero

Es posible que hayas oído más de una vez esta frase: «El dinero es la raíz de todos los males». Pues se trata de un error; la cita correcta es: «El *amor* al dinero es la raíz de todos los males». La educación que recibimos nos hace creer que desear el dinero es algo malo, y los medios de comunicación no dejan de reforzar esa idea.

Tanto en el cine como en la literatura, los ricos suelen ser personas egoístas o crueles, como el personaje de Scrooge en *Cuento de Navidad*. Por el contrario, los personajes con pocos recursos suelen ser gente virtuosa y afectuosa, como Bob Cratchit, siguiendo con la historia de Dickens. Las historias acerca de la Madre Teresa, conocida por sus numerosas obras de caridad, la convierten en la personificación de la generosidad y la bondad debido precisamente a su pobreza.

Hemos crecido rodeados de tantas definiciones negativas en torno al dinero y la abundancia que no es de extrañar que nuestra comprensión del auténtico significado de abundancia sea tan limitada. Es posible que no sepamos cómo nos afectará exactamente la abundancia o que creamos que no la merecemos.

En este preciso momento de la historia, hemos dispuesto de dos años para reflexionar sobre cómo queremos vivir y ganar dinero. Estamos asistiendo al final de la pandemia y a la reanudación de las experiencias presenciales después de muchos meses de interacciones virtuales. Son muchas las personas que han empezado a replantearse sus vidas de una manera significativa. Es posible que hayamos perdido o dejado nuestro trabajo o que hayamos pensado en mudarnos a otra ciudad. Como resultado de ello, mucha gente siente una renovada ansiedad provocada por su situación laboral o sus ingresos.

Cuando eliminamos de la ecuación las preocupaciones y confiamos en las opciones que tenemos delante de nosotros, podemos comprender mejor cuál es el propósito superior que nos ha traído hasta aquí en este preciso momento. ¿Cómo afectan a tu abundancia estas decisiones y cambios?

Cómo creamos el karma del dinero

Los Maestros Akásicos entienden el karma de un modo distinto al que seguramente te han contado. Ellos no lo ven como un castigo, sino como una lección incompleta que nuestras almas desean entender, y éstas pueden presentarse en forma de obstáculo vital que debes superar. Las lecciones kármicas pueden aparecer en nuestros patrones arraigados y estar centradas en el dinero, las relaciones o la comprensión del mundo que nos rodea. Afectan a nuestra forma de experimentar la vida. Por desgracia, cuando estamos atrapados en un patrón kármico, muy a menudo no somos conscientes de cómo nos están afectando, ni a nosotros ni a nuestras finanzas.

Podemos crear karma del dinero de muchas maneras distintas. Puede que en una vida pasada le robaras dinero a tu jefe o a un socio y, en tu vida actual, te despidan del trabajo por sospechas sobre tu integridad. Aunque te parezca injusto, se trata de una lección kármica que debes revisitar. La lección también puede presentarse cuando un socio te roba las ideas y monta su propio negocio. Nuevamente, todo esto te ayuda a alcanzar un lugar de mayor conciencia, compasión y perdón.

Me gustaría que cambiaras la forma en que te relacionas con el karma. Imagínalo como una energía bloqueada que te mantiene atascado hasta que lo abordas de forma consciente liberando tus sentimientos, tus pensamientos o a ti mismo. Presta atención al lugar en el que estás atascado o a los patrones repetitivos que más te limitan, especialmente por lo que se refiere al dinero. Por sí mismo, el karma del dinero no es ni bueno ni malo; sólo es energía que está desequilibrada. No obstante, dicha energía puede impedir que tengas éxito en tus proyectos financieros.

Nuestra relación con el dinero es un factor determinante en nuestras vidas, pues termina afectando a muchas otras decisiones. Si durante esta vida no logramos entender las múltiples relaciones que mantenemos con el valor (dinero), un conocimiento que nuestra alma desea aprender, volveremos a tener esa oportunidad en otra vida. La reencarnación nos ofrece nuevas oportunidades de satisfacer a nuestra alma con el aprendizaje que anhela, y ésa es la principal razón por la que la mayoría de nosotros hemos vivido cientos de vidas humanas.

Creencias colectivas inconscientes

Como hemos dicho anteriormente, las opiniones de la sociedad en torno al dinero ejercen una gran influencia sobre nosotros. Las ideas sobre el dinero y la prosperidad pueden proceder de tus padres, abuelos, profesores o líderes religiosos. Tal vez incluso un vecino o los padres de tu mejor amigo influyeran en tu forma de verlo.

Es posible que tus padres te dijeran algo así: «*¡No podemos comprarte una bicicleta nueva! ¿Crees que el dinero crece de los árboles?*». Y si no lo dijeron, es probable que lo sintieran así y que te transfirieran pensamientos y creencias a través de sus expresiones faciales o el lenguaje corporal. Cargamos con numerosas ideas y opiniones inconscientes y no verbales acerca del dinero. En muchas familias y culturas de todo el mundo, el dinero es un tema tabú. Este tipo de pensamientos y creencias se convierten en arraigados patrones inconscientes que condicionan el modo en que nos relacionamos con el dinero y la importancia que le damos en nuestras vidas. De niños, las cosas de las que no podemos hablar suelen considerarse «malas». Con demasiada frecuencia, estos comportamientos nunca se examinan ni cuestionan.

Me gustaría transmitirte una visión mucho más amplia de la abundancia. Es importante que entiendas que tu nivel de renta no tiene nada que ver ni con tu valía ni con tu capacidad de reclamar los dones que has ido perfeccionando en tus vidas anteriores. En tu vida actual, tanto si te sientes abundante como si no, detente durante un momento para revaluar dónde te encuentras ahora mismo. ¿Cuáles son los sueños e ideas que has abandonado?

A continuación, encontrarás algunas creencias comunes transmitidas por la familia y la cultura. Puede que te estés alejando de la abundancia si crees alguna de estas cosas:

- No quiero tener dinero porque los ricos tienen muchos problemas.
- El dinero es malo.
- El dinero causa infelicidad.
- La gente se casa por el dinero, no porque estén enamorados.
- Los niños ricos salen demasiado de fiesta y se meten en líos.
- Los ricos se divorcian mucho.
- Hay que trabajar mucho para ganar dinero.
- Hay que ser muy inteligente para ganar dinero y yo no lo soy.
- Hay que nacer rico para tener mucho dinero.
- Si tienes mucho dinero es que lo has conseguido ilegalmente, de modo que debes de ser un mafioso o un delincuente.

EJERCICIO DE REFLEXIÓN

- Enumera algunas de tus creencias sobre el hecho de tener o no tener dinero.
- ¿Cómo han afectado a tus decisiones financieras?
- ¿Qué creencias de tu lista estás dispuesto a rechazar?

Para poder experimentar tu abundancia divina, primero debes deshacerte de las creencias negativas. Esta oración akásica de sanación puede ayudarte:

Madre, Padre, Diosa, Dios, estoy abierto al flujo de la abundancia.

Por favor, llevadme de vuelta, más allá del tiempo y el espacio, al origen de toda conciencia sobre la carencia o la pobreza que atesoro.

Me libero de las creencias colectivas que me afectan consciente e inconscientemente.

Me desligo de todas las opiniones de mi familia o de mi linaje ancestral y las devuelvo con amor al lugar donde se originaron.

Ahora erijo un nuevo espacio para tomar nuevas decisiones sobre mi vida y mi cuerpo.

Soy libre para seguir mi Camino del Alma.

A medida que me adentro en el flujo de la abundancia, mi vida se enriquece con nuevas ideas, situaciones y oportunidades.

Acepto estas bendiciones para toda la humanidad.

Estoy lleno de gratitud.

Que así sea. Bendito sea.

Madre, Padre, Diosa, Dios, por favor, ayudadme a aceptar que no necesito nada más.

No hay nada en el universo que no lo sea ya.

Me deshago de las viejas creencias según las cuales puedo ser mejor o peor.

Todos somos almas divinas con dones extraordinarios que han emprendido un viaje único.

Doy gracias por el regalo que soy para el mundo.

Que así sea. Bendito sea.

En el próximo capítulo, veremos cómo damos forma a nuestros diversos propósitos vitales.

CAPÍTULO 11

PLAN DEL ALMA = PROPÓSITO

A menudo oigo a la gente lamentarse: «Ojalá supiera cuál es mi propósito en la vida». Me fascina que la gente crea que sólo tenemos un propósito vital y que estamos condenados a estar deprimidos e incompletos hasta que damos con él. Porque eso no es cierto. Muchos libros, blogs y artículos aseguran tener la fórmula que te permitirá descubrir tu verdadero propósito en la vida. ¡Mentira!

¿Se puede tener más de un propósito?

¿Qué es exactamente tener un propósito? Mucha gente lo interpreta como la clásica descripción profesional, es decir, ser contable, médico, ingeniero, abogado, empresario o artista. Pero en realidad lo más importante es utilizar los dones y talentos que has ido acumulando a lo largo de tus numerosas vidas. Aunque algunos caminos específicos que elegiste en otras vidas pueden volverse a reproducir en tu actual vida, eso no quiere decir que sólo tengamos un propósito o camino.

Durante mi propio viaje y ayudando a mis clientes en el suyo, he descubierto que la mayoría de las personas tenemos más de un propósito vital; la media se sitúa entre los tres y los cinco. En mi caso, los tres propósitos han adoptado el rol de comunicadora, sanadora y madre. Lo que se aleja bastante de la clásica descripción profesional. En realidad, lo planeamos así, pues el alma hace uso de su libre albedrío para que podamos tomar muchas decisiones y experimentar el resultado de cada una de ellas.

En retrospectiva, el descubrimiento de mi primer propósito vital como comunicadora no fue ninguna sorpresa. Cuando iba al instituto, me encantaba escribir historias y estudié periodismo en la universidad. Después me pasé varios años trabajando en publicidad y, de los veinte a los treinta años, logré consolidar una carrera de éxito en el sector empresarial. Siempre he sido capaz de aplicar con facilidad todos mis talentos y habilidades, tanto los adquiridos en vidas pasadas como en ésta. Creo que ése es el propósito general de mi alma. Para mí, el rol de comunicadora lo incluye todo, desde ser ejecutiva publicitaria a autora, conferenciante, instructora akásica o consultora espiritual. Todas estas ocupaciones forman parte de la misma categoría.

Sé desde hace treinta años que una parte de mi propósito vital es compartir la sabiduría de los Registros Akásicos con la humanidad y ayudar a la gente a recordar quiénes son en realidad. A lo largo de estos años, he recibido información sobre «por qué» y «cómo» debo difundir el contenido de los Registros Akásicos con el mundo. Actualmente sigo recibiéndola, y cada vez se vuelve más compleja y profunda. Rara vez vemos o comprendemos la totalidad de nuestro camino en un sólo momento dado. Los Maestros de los Registros siempre me recuerdan esto: *la vida es un viaje, no un destino.*

Todos los aspectos de esta parte de mi propósito exigen que sea una comunicadora hábil y reflexiva. Pero al principio no lo era. La primera vez que los Maestros de los Registros me sugirieron que me convirtiera en autora para dar a conocer esta información al mundo sentí miedo y muchas dudas. Me costó muchos años superar la timidez y la inseguridad para poder hablar en miles de programas de radio, podcast, conferencias y escenarios. Comunicar a diario la sabiduría de los Registros Akásicos a clientes y estudiantes ha sido una bendición para mí. Pero también un trabajo extraordinariamente intenso.

Al mirar atrás, después de tres décadas trabajando en los Registros Akásicos, el propósito de mi alma como sanadora cobra más sentido. En la adolescencia, cuando comprendí que este rol era en realidad una vocación, me parecía una tarea imposible. Sabía que en muchas de mis vidas pasadas había sido una especie u otra de sanadora: chamana, sabia, alquimista, oráculo, sacerdotisa y esenia. Ahora tengo la total seguridad de que estoy en esta vida para utilizar esta habilidad para ayudar a sanar traumas y el dolor emocional a través de los Registros Akásicos. Por eso mi alma eligió el trauma de la pérdida y el abandono. A menudo experimentamos el dolor y el trauma para aprender, crecer y enseñar lo que hemos aprendido.

La sanación es esencial para la evolución humana. Sin el proceso de sanación no podemos recordar quiénes somos en realidad. Cuando fundé la Akashic Knowing School of Wisdom, los Maestros de los Registros me dijeron: «*Queremos que enseñes a la gente a leer sus Registros del Alma y a disponer de las herramientas necesarias para superar el dolor, el trauma y los viejos contratos del alma que ya no les aportan nada*». Puesto que ése era su mandato, he añadido herramientas de sanación a mis cursos de los Registros Akásicos.

Mi tercer propósito era ser madre. Hay personas que hacen contratos para convertirse en la «Madre de Todos», lo que suele traducirse en una vida sin hijos biológicos, pero en la que cuidan de muchos niños llevando a cabo diversas funciones, inclusive la de madre de otros adultos. Esto suele estar relacionado con un contrato de Madre Divina.

Darme cuenta de que parte de mi propósito general incluía el rol de madre me resultó sorprendente, ya que nunca había sentido la necesidad de tener hijos. Cuando mi marido y yo decidimos tener un hijo, ¡pasamos de cero a cuatro en menos de dos años! Gracias a mi trabajo en los Registros Akásicos, descubrí que tenía cuatro contratos del alma para ser madre. Tres se corresponden con mis hijos naturales –nuestro hijo y sus hermanas gemelas– y el cuarto a mi sobrino, al que considero un hijo más. Recuerda que no necesitas dar a luz para consumar el propósito de tu alma como madre.

Cómo puedes descubrir tus propósitos vitales

Es posible que ya estés viviendo de una forma que esté alineada con los propósitos de tu vida, pero que aún no lo sepas. Muchas personas esperan que un rayo les muestre el camino. Por eso mantienen los ojos bien abiertos para no perderse el mensaje especial que les revelará un misterioso secreto. Pero las cosas no funcionan así.

Vivimos nuestros propósitos en tres escenarios principales: el trabajo, la familia y las relaciones de pareja. Si aún no estás seguro de que tu trabajo actual forma parte de tu propósito vital, te animo a que lo reexamines desde otra perspectiva.

Una vez un cliente acudió a mi consulta para interrogarme acerca del propósito de su alma, pues el hombre estaba convencido de que éste consistía en compartir su amor y su sabiduría con las personas que formaban parte de su vida. No podía entender de qué modo estaba relacionado eso con su trabajo de informático. Al profundizar un poco más, nos dimos cuenta de que su capacidad para liderar su equipo con compasión y sabiduría cumplía una parte importante de su propósito vital. Estaba recurriendo a sus habilidades de liderazgo de un modo completamente desconocido para él.

Lo que hacemos para ganarnos la vida no es tan importante como la forma en que actuamos en una situación dada. La pregunta que debes hacerte es ésta: ¿en este momento soy la mejor versión de mí mismo que puedo llegar a ser? Esto incluye también tus relaciones de pareja. Sabrás que estás actuando de una manera que está alineada con tu Propósito Vital cuando experimentes paz y satisfacción interior.

Aunque hay personas que prefieren presentar el hecho de vivir según el propósito de nuestra alma como algo complejo y difícil de alcanzar, la realidad es que el camino para llegar ahí está justo delante de ti. Utilizar tus dones con naturalidad y soltura es la base de tu propósito vital; descubrirlos y compartirlos con los demás forma parte del viaje.

Dado que tienes más de un propósito vital, puede que descubras que estás inmerso en más de uno al mismo tiempo. Se trata de un camino que se expande y crece a medida que lo recorres. Los Maestros Akásicos siempre estarán a tu lado para apoyarte en tus descubrimientos, y las oraciones que comparten conmigo son también muy valiosas.

Avanza con un propósito

A lo largo de este libro, he compartido contigo las diferentes facetas del plan del alma y el mejor modo de descifrar cuál será su dirección. Ahora que ya dispones de la información necesaria para empezar, adentrémonos de forma consciente en el propósito de tu alma.

Alinéate con tu propósito vital

Es importante estar alineado con cualquier cosa que desees manifestar. Cuando estamos alineados con el plan de nuestra alma y nos dedicamos a cumplir con nuestros contratos y compartir nuestros talentos, se produce un flujo armonioso en nuestras experiencias. Gestionamos situaciones y oportunidades fortuitas con facilidad. Sin embargo, cuando no estamos alineados, suele ocurrir todo lo contrario: nos desviamos de nuestro camino, lo que origina conflictos y que debamos enfrentarnos a diversos tipos de dificultades.

Quiero que sepas que el hecho de que te hayas desviado de tu camino no significa que no puedas completar los propósitos de tu alma. A veces, un desvío puede convertirse en una oportunidad, pues nos permite reconocer un viejo patrón kármico. Por ejemplo, podrías darte cuenta de que tienes tendencia a distraerte cuando estás a punto de culminar algo inspirador o que sabes positivamente que está hecho para ti. Acabas de descubrir un patrón de autosabotaje. Te enfadas tanto que finalmente gritas: ¡Basta! Y, gracias a eso, te deshaces de un patrón que te estaba bloqueando pero que no volverá a distraerte.

Entonces, el propósito de tu alma se vuelve más prominente que la distracción. Se trata de una alineación tan poderosa que nada volverá a interponerse en el camino de tus deseos. Es como si tuvieras visión de túnel y el resultado fuera un enfoque renovado.

Sé que muchos de vosotros pasáis por dificultades en la vida. Y, aun así, deseáis tener un impacto positivo en los demás, así que, por favor, reconoceros el mérito. Es posible que en este momento no tengas claro cómo definir tu propósito o qué pasos dar a continuación. No obstante, puedes sentirte orgulloso de que, sean cuales sean las dificultades por las que estás pasando, eso no te ha impedido seguir avanzando en busca de respuestas que te lleven a descubrir tu propio plan del alma y sanarte a ti mismo y al mundo.

Cada uno de nosotros es un alma única y sagrada que ha llegado a este mundo con grandes propósitos vitales. El tuyo puede ser sanar tu trauma familiar y limpiar viejos patrones kármicos. O puede que estés aquí para compartir la esperanza tras haber superado una situación difícil. Cuando sabes que puedes ayudar a otros que siguen esforzándose por encontrar claridad en sus vidas, significa que has obtenido la sabiduría a través de tu propia sanación y que ahora eres el maestro. No lo sabrás con certeza hasta que emprendas el viaje.

Llevar a cabo una gran tarea en el mundo no consiste únicamente en convertirse en una persona famosa o en maestro espiritual o sanador. No todo el mundo está aquí para sanar a un gran número de personas. Algunos planes del alma consisten en sanar a nuestra propia línea ancestral. O podemos tener el talento y el propósito para Ser la Luz o sanar a otras almas que encontramos en un restaurante, un autobús o un grupo de personas.

Muchas personas tienen contratos del alma para ayudar a sanar a nivel global; somos las Vasijas de Luz. Nuestro propósito más importante y valioso en la vida consiste en convertirnos en recipientes llenos de luz y permitirnos a nosotros mismos hacer el trabajo para el que hemos sido contratados. Podemos realizar grandes obras dondequiera que elijamos estar. Cuanta más luz y gracia seamos capaces de contener, más luz y gracia nuestras almas podrán ofrecer a las almas que nos rodean.

Si ése es tu camino, puedes cumplir con el propósito de tu alma anónimamente, en tu comunidad, para ti mismo y tu familia. Puedes estar creando un puente de luz a Gaia, la Madre Tierra, de la que ya hemos hablado antes. O puede que estés aquí para salvar a animales en peligro de extinción o traer nuevas tecnologías al planeta. Sólo puedes alcanzar la grandeza cuando vives según la visión que has planeado para ti mismo. Pero antes debes estar alineado con ella.

¿Cómo se manifiestan los propósitos de tu alma?

He aquí algunos ejemplos: si el propósito de tu alma es ser un comunicador, podrías cumplir dicho propósito escribiendo un blog de noticias o un libro. O podrías dar charlas a grupos en tu barrio para transmitir la sabiduría y los dones que tu alma desea compartir con el mundo. Si tu libro se convierte en un superventas, puedes compartir tu mensaje único y tus conocimientos con un público más amplio a través de la radio. Evidentemente, se puede cumplir con el propósito de tu alma ofreciendo un servicio a los oyentes, además de crear un grupo de seguidores, lo que te proporcionaría abundancia económica.

O puedes optar por compartir tus dotes comunicativas como profesor de secundaria y expresar tu pasión por la comunicación transmitiendo a tus alumnos el amor por la lectura y la escritura. De ese modo estarías colaborando a que el mundo tuviera más oradores y autores de calidad.

Imaginemos que uno de los propósitos de tu alma es montar un negocio con uno de tus amigos de la infancia. Todo va bien hasta que descubres que tu socio ha estado robándole a la empresa sin que tú lo supieras. Evidentemente, tendrás que lidiar con sentimientos que van desde la ira a la traición. Sin embargo, uno de los propósitos de tu alma también puede ser aprender a lidiar con esos sentimientos.

En el trabajo del alma, siempre debemos tener en cuenta diversos niveles, como, por ejemplo, las relaciones en vidas pasadas. Puede que descubras a través de tus Registros que tu alma debe completar lecciones relacionadas con el karma del dinero. En una vida pasada, *tú* fuiste el socio que desapareció con el capital, dejando a tu amigo sin blanca. Al principio, su traición te parece injusta, pero a medida que los dos abordáis los problemas de vuestras vidas pasadas y sanáis la vida actual, empezáis a ver un panorama más amplio. Y ambos sois capaces de perdonaros mutuamente. Puede que continuéis con el negocio juntos o que cada uno siga su propio camino, pero, en cualquier caso, el trabajo compartido os habrá transformado para siempre.

No todos los propósitos del alma empiezan con buen pie. A veces, para tener éxito, debes solucionar un karma que sólo puedes abordar como empresario, desde una profesión que hayas elegido o a través de una relación. Por ejemplo, trabajar te expone al mundo, lo que puede desencadenar el miedo a ser reconocido. Las personas vinculadas a ti a través del karma pueden encontrarte si te reconocen. Llegado a ese punto, deberás escoger: abordar el viejo patrón kármico o seguir aferrándote a él.

Es muy importante que recuerdes que tu alma quiere que tengas éxito con el plan que ha diseñado para ti. Por tanto, encontrarás otras almas que te ayudarán en el proceso.

EJERCICIO DE REFLEXIÓN

- ¿Qué preguntas le harías a los Maestros de tus Registros Akásicos?
- ¿En qué aspecto de tu vida necesitas más ayuda?
- ¿Cómo te sientes tras descubrir el plan de tu alma y vivir conforme a él?

ORACIÓN PARA CREAR EL CIELO EN LA TIERRA

Al integrar el poder del alma con el poder del cuerpo, me manifiesto con fluidez y gracia.
Soy un Ser Creador con un propósito.
Ahora me dedico a crear el Cielo en la Tierra.
Me siento bendecido y lleno de gratitud.
Que así sea. Bendito sea.

ORACIÓN PARA CONVERTIRNOS EN IMANES DEL BIEN

Madre, Padre, Diosa, Dios, soy un imán del bien.

Mi campo magnético de energía es claro y fuerte mientras atraigo el bien que está alineado con mi propósito más elevado.

Soy un poderoso imán del bien.

Con gratitud.

Que así sea. Bendito sea.

ORACIÓN PARA SABER QUÉ NECESITO PARA AVANZAR

Madre, Padre, Diosa, Dios, habito en vuestra gracia, perfecto y fuerte, humilde y colmado de amor.

Por favor, ayudadme a encontrar, ver y dar el siguiente paso en mi Camino del Alma.

Guiadme en los pequeños avances y también en los pasos de gigante.

Vivo en la autoconfianza, la autoestima y la fe.

Tengo lo que necesito para llevar a cabo el trabajo de mi alma.

Que así sea. Bendito sea.

Ahora veamos hacia dónde nos dirigimos.

CAPÍTULO 12

¿HACIA DÓNDE VAMOS?

Cada vez más gente toma conciencia de que la vida es algo más que satisfacer las necesidades básicas. La sociedad nos enseña que debemos encontrar un buen trabajo, comprar un coche nuevo, casarnos, formar una familia y tener una casa en propiedad. Todo esto, además de unas cuantas aficiones y las vacaciones, podría servir para resumir nuestras vidas.

Sin embargo, actualmente son muchas las personas que empiezan a darse cuenta de que la vida es mucho más que una lista de cosas por hacer. Y como resultas de ello, los clientes que acuden a mi consulta lo hacen con una variedad de emociones, desafíos y síntomas extraños. Algunos son perfectamente conscientes de este cambio energético en sus vidas, pero muchos están confundidos por lo que les está ocurriendo. Sus experiencias van desde sentirse solos o agotados hasta vivir maravillosas sincronicidades. Todo esto puede formar parte del proceso del despertar.

¿Por qué la gente experimenta ahora un despertar espiritual?

Aunque existen varias razones por las que la gente está viviendo un despertar en esta época (sobre algunas de ellas ya hemos hablado en este libro), una de las principales es que actualmente está llegando a la Tierra una gran cantidad de luz de alta frecuencia vibracional. El fenómeno está relacionado con la alineación de la Era de Acuario, una nueva alineación energética que fomenta el despertar. La vibración del planeta también está aumentando, algo que, pese a intensificar nuestras experiencias personales, no siempre se vive con comodidad.

¿Cuáles son las señales del despertar?

Pese a que las razones por las que la gente está despertando son numerosas, la experiencia no siempre es fácil ni rápida. Una de las señales más comunes es un cambio en la percepción del mundo que nos rodea y de nuestro trabajo. En este punto, muchas personas empiezan a sentirse aisladas y solas. A veces los amigos se alejan de nosotros. Nos damos cuenta de que ya no tenemos nada en común y dejamos de hablar con ellos. O descubrimos que uno de nuestros mejores amigos es una persona negativa y abrumadora. Antes no nos habíamos dado cuenta, pero ahora nos resulta difícil estar a su lado.

Si empezamos a perder amigos, puede que nos culpemos a nosotros mismos y que tengamos la sensación de estar haciendo algo mal. La verdad es que ya no resonamos con la misma energía. Es posible que te des cuenta de repente de que tu amigo siempre se está quejando, pero que nunca hace nada por cambiar su situación. Comprendes que no puedes hacer nada por él y que la mejor opción es poner fin a la relación por el momento.

A veces pasamos por una ruptura o un divorcio porque ya no podemos tolerar más la ira o el maltrato por parte de nuestra pareja. Ese tipo de experiencias traumáticas también suelen desencadenar un despertar. Cuando tus sueños y deseos cambian, es normal que tus amigos o familiares se muestren críticos o se sientan incómodos con ese cambio.

De hecho, los cambios drásticos de todo tipo a veces amplían nuestra visión del mundo. Un accidente grave o cualquier otro cambio importante en nuestra vida, como perder el trabajo o mudarnos a otra ciudad, puede desencadenar un despertar.

A veces basta con conocer a alguien o escuchar un podcast con ideas completamente nuevas, o incluso ver un programa de televisión sobre un tema poco habitual para ti. O puede que sientas el fuerte impulso de empezar a meditar o ayudar de algún modo a los demás.

Las personas que están despertando también pueden experimentar otros síntomas, como, por ejemplo, una mayor sensibilidad a la energía ajena. Puedes experimentar por primera vez sueños intensos o fuertes descargas intuitivas. También puedes notar sensaciones en todo tu cuerpo o darte cuenta de que estás sintiendo las emociones de otras personas. Tal vez siempre hayas sido emocionalmente sensible, pero no supieras que las emociones no eran tuyas, sino de otras personas.

Hay gente que también experimenta síntomas físicos, como estar más cansado y menos concentrado, con muchos episodios de niebla mental. Por supuesto, estos síntomas pueden formar parte del proceso de envejecimiento o estar relacionados con una enfermedad, por eso es muy importante que un profesional diagnostique los síntomas físicos.

Otra señal interesante del despertar es el cambio en la dieta. Es posible que de repente sientas una aversión por el azúcar o que decidas hacerte vegetariano.

En última instancia, no hay ninguna forma específica de comer o de *ser* durante el despertar. Por eso, los Maestros de los Registros Akásicos siempre dicen que las decisiones que tomamos no deben valorarse en función de si son buenas o malas, correctas o incorrectas, sino por el nivel más alto de bienestar que le proporcionan tanto a tu cuerpo como a tu alma en este momento específico. Es importante que estés alineado con el plan de tu alma para poder entender cuáles con las mejores decisiones, y las más elevadas, que puedes tomar como alma.

Además de los cambios físicos, relacionados con la alimentación o el ejercicio físico, las personas que están despertando también experimentan una intensificación de sus emociones. Puede hacer que sientas una mayor compasión y amor hacia las personas que te rodean. De hecho, ésta es una de las más hermosas bendiciones del despertar, y es útil recordar que nos estamos transformando de forma colectiva.

Según los Maestros de los Registros Akásicos, este proceso continuará durante muchos años, hasta que toda la humanidad finalmente despierte y dé forma a la Nueva Tierra. Puede ser útil para tu viaje disponer de una comunidad de personas que piensan como tú. La meditación, el yoga y pasar más tiempo en la naturaleza también ayudarán a tu despertar. Éste es tu nuevo camino, ¡disfruta del viaje!

EJERCICIO DE REFLEXIÓN

- ¿Estás listo para buscar la guía del plan de tu alma?
- ¿Estás preparado para reducir tus miedos y abrazar tus poderosos talentos y dones?
- ¿Qué preguntas le harías a los Maestros Akásicos?

Ahora conoces mucho mejor cuál puede ser tu propósito vital y el plan de tu alma, lo que te ayudará a engendrar felicidad, salud y plenitud.

ORACIÓN PARA ELIMINAR BLOQUEOS AL DESPERTAR

Madre, Padre, Diosa, Dios, por favor, eliminad y desmantelad todas las estructuras, barreras y obstáculos que me impiden dar un paso adelante y conocer al Creador/Fuente.

Por favor, abrid mi corazón para que pueda adentrarme en el campo unificado de la Fuente mientras despierto al amor y a la gracia divina.

Que así sea. Bendito sea.

ORACIÓN PARA ACTIVAR EL AMOR INTERIOR

Madre, Padre, Diosa, Dios, del mismo modo que sé que soy uno con vosotros, sé que soy uno con la vibración del Amor Divino, la Energía Dorada de la Luz que nos pertenece a todos.

Pido y recibo la Energía Dorada de la Luz que entra en mi chakra de la corona y desciende lentamente hacia mi corazón.

Siento cómo esta energía divina recorre mis brazos mientras activa los canales curativos de mi cuerpo.

Soy un siervo divino del Creador y agradezco poder compartir esta luz dorada del amor.

Que así sea. Bendito sea.

Agradezco tu interés por descubrir más cosas acerca del plan de tu alma. En el último capítulo encontrarás mis reflexiones finales.

REFLEXIONES FINALES

A lo largo de los años, he recibido miles de mensajes de los Maestros de los Registros Akásicos en los que responden a mis preguntas o me ayudan a entender mejor determinados obstáculos que he tenido que superar en la vida.

De vez en cuando, acuden a mí con una petición. El año 2013, me pidieron por vez primera que escribiera un libro. En aquella ocasión, mi respuesta fue la siguiente: «Vale, pero ¿de qué queréis que escriba? ¿Y cómo voy a hacerlo? Tengo hijos y estoy muy ocupada con mi familia». Entonces, ellos me dieron dos sencillas indicaciones y poco después publicaba *La sabiduría infinita de los Registros Akásicos*. Algunos años más tarde, me pidieron que escribiera otro libro de oraciones curativas.

Esta vez, los Maestros de los Registros me dijeron:

Es hora de ayudar a la gente a comprender quiénes son en realidad. Por favor, ayúdanos a difundir el concepto del plan del alma y el modo en que informa vuestra vida. Es importante que la gente deje de pensar que son víctimas de la vida. Por favor, ayúdales a comprender que, además de compartir vues-

tros dones y amor, habéis planeado y deseáis experimentar una gran variedad de situaciones, desafíos e incluso traumas.

Ha sido un gran honor para mí compartir la sabiduría de los Registros Akásicos contigo en este momento tan importante de la historia.

Autorrealización

De joven, creía que la autorrealización o el despertar sólo podían alcanzarse después de toda una vida de autoexploración, meditación profunda, sacrificio y sumisión. En esta vida, yo me había decidido por el amor y la familia, algo que no terminaba de encajar con la intensidad que creía necesaria para alcanzar el estado de iluminación. Por tanto, me alegré enormemente cuando los Maestros Akásicos me dijeron hace muchos años: *los Registros Akásicos son un camino hacia la autorrealización. Uno de los muchos que existen.*

Mi vida ha sido un viaje increíble de desafíos y tribulaciones, por eso, saber que los Registros Akásicos podían ayudarme en mi despertar hizo que me enganchara desde el primer momento. Treinta años después, sigo regresando para continuar aprendiendo. Mi viaje hacia al despertar me ha llevado a descubrir muchas cosas más a parte de mí misma.

¡Me encanta la idea de alcanzar la iluminación sin tener que sentarme a meditar durante toda una vida! Además, cada vez que he accedido a mis Registros Akásicos, siempre he recibido amor y sabiduría incondicionales y, cuando lo he pedido, una guía diaria pormenorizada. Mi viaje hacia la autorrealización me ha llevado a descubrir que realmente estoy conectada a mi versión del cielo en la tierra.

Los Maestros de los Registros me recuerdan habitualmente que el amor y el perdón curan el karma y son uno de los caminos que llevan al despertar. Estoy segura de que a muchos de vosotros os cuesta perdonar a quienes os han causado dolor, ya sea físico, emocional o psicológico. Pero hemos aprendido de los Maestros Akásicos que, para despertar a nuestro amor puro y acceder a todo el poder del amor incondicional, debemos perdonar.

Estamos ante un precipicio. A veces puede resultar aterrador, confuso o emocionante. Estás aquí para experimentar todo lo que la vida puede ofrecer y ayudar a la humanidad a despertar.

Tu alma elaboró un plan para cumplir y completar su deseo de crecer y compartir la sabiduría que recibe gracias a su desarrollo.

Es hora de dejar atrás las viejas formas de comportarse y las viejas historias.

Date la oportunidad de despertar al amor que reside en lo más profundo de tu alma. Deja que ese amor sea el impulso que transforme tu vida.

TU DIARIO PERSONAL

AGRADECIMIENTOS

Deseo expresar mi gratitud a los Señores Akásicos y a los Seres de Luz por pedirme que vuelva a traer al mundo la Sabiduría Akásica. Su amor puro, su guía sagrada y su profunda sabiduría han transformado mi vida.

Gracias a Linda Berger por la edición de mis tres libros. Tú das sentido a toda la información canalizada de los Maestros Akásicos, haciéndola comprensible y clara. Tu apoyo y amor constantes han hecho que mi corazón esté más abierto y receptivo. Este libro habría sido imposible sin tu ayuda.

A mi querido esposo, Jesse, que me ha apoyado en mi camino espiritual durante más de treinta años. Gracias a ti, puedo expandirme en la infinita sabiduría de los Registros Akásicos y enseñar, escribir, viajar y compartir esta importante tarea con los demás. Tu amor me ayuda en todo lo que hago.

A todos mis estudiantes y clientes, cuyas preguntas y deseos de cambiar sus vidas me han ayudado a obtener gran parte de la información que encontrarás en estas páginas.

A mis hijos y a todos los amigos que no he mencionado anteriormente, os doy las gracias y os quiero. Sois la luz que mantiene encendida mi vela. Sois la motivación y el apoyo que me da fuerzas para seguir adelante. Gracias.

ACERCA DE LA AUTORA

Lisa Barnett ha consagrado su vida a ser un canal sagrado del Akasha y a ayudar a otras personas a conectar con la guía de su alma. Es fundadora y profesora de la Akashic Knowing School of Wisdom, una escuela reconocida internacionalmente donde los estudiantes aprenden a  acceder a la sabiduría de su alma en sus Registros Akásicos y a dominar numerosas herramientas de sanación, meditación y sistemas de oración. Lisa ha enseñado a miles de estudiantes en todo el mundo y ha ayudado a formar y certificar a docenas de consultores y profesores.

También ha trabajado durante más de diez años como Practicante Certificada de la Ciencia de la Mente (R.S.C.C.), donde ofrecía tratamientos de sanación a través de la oración a las congregaciones del Golden Gate Center for Spiritual Living y en la que fue vicepresidenta de la junta directiva.

Lisa cuenta con más de treinta años de experiencia en el campo de la sanación espiritual y domina numerosas modalidades de sanación. Su especialidad consiste en capacitar a las personas para que se sientan más realizadas, felices, abundantes, sanas y relajadas ayudándolas a alinearse con su camino del alma y a comprender el plan de su alma, es decir, sus contratos del alma, sus patrones kármicos y sus votos, lo que les permite acelerar su transformación.

Lisa ha creado diversos programas y libros asombrosos para ayudar a la gente a experimentar una transformación duradera. Entre éstos destacan diez cursos escritos y orales, docenas de meditaciones y frecuentes webinarios para enseñar a personas de todo el mundo a acceder a sus Registros Akásicos. El objetivo de todos estos programas y libros es compartir las herramientas y oraciones de los Registros Akásicos para que sus clientes y estudiantes puedan crear la vida que sus corazones y almas desean.

Más información en akashicknowing.com

ÍNDICE